Routenplaner Kreativität

Stephan Sonnenburg

Routenplaner Kreativität

So kommen Sie im Alltag und Job sofort auf richtig gute Ideen

Illustrationen von Thomas Sinder
Korrektorat von Sigrid Sonnenburg-Pflaumer

Stephan Sonnenburg
Karlshochschule International University
Karlsruhe, Deutschland

ISBN 978-3-658-25972-3   ISBN 978-3-658-25973-0 (eBook)
https://doi.org/10.1007/978-3-658-25973-0

Die Deutsche Nationalbibliothek verzeichnet diese Publikation in der Deutschen Nationalbibliografie; detaillierte bibliografische Daten sind im Internet über http://dnb.d-nb.de abrufbar.

Springer
© Springer Fachmedien Wiesbaden GmbH, ein Teil von Springer Nature 2020
Das Werk einschließlich aller seiner Teile ist urheberrechtlich geschützt. Jede Verwertung, die nicht ausdrücklich vom Urheberrechtsgesetz zugelassen ist, bedarf der vorherigen Zustimmung des Verlags. Das gilt insbesondere für Vervielfältigungen, Bearbeitungen, Übersetzungen, Mikroverfilmungen und die Einspeicherung und Verarbeitung in elektronischen Systemen.
Die Wiedergabe von allgemein beschreibenden Bezeichnungen, Marken, Unternehmensnamen etc. in diesem Werk bedeutet nicht, dass diese frei durch jedermann benutzt werden dürfen. Die Berechtigung zur Benutzung unterliegt, auch ohne gesonderten Hinweis hierzu, den Regeln des Markenrechts. Die Rechte des jeweiligen Zeicheninhabers sind zu beachten.
Der Verlag, die Autoren und die Herausgeber gehen davon aus, dass die Angaben und Informationen in diesem Werk zum Zeitpunkt der Veröffentlichung vollständig und korrekt sind. Weder der Verlag, noch die Autoren oder die Herausgeber übernehmen, ausdrücklich oder implizit, Gewähr für den Inhalt des Werkes, etwaige Fehler oder Äußerungen. Der Verlag bleibt im Hinblick auf geografische Zuordnungen und Gebietsbezeichnungen in veröffentlichten Karten und Institutionsadressen neutral.

Springer ist ein Imprint der eingetragenen Gesellschaft Springer Fachmedien Wiesbaden GmbH und ist ein Teil von Springer Nature.
Die Anschrift der Gesellschaft ist: Abraham-Lincoln-Str. 46, 65189 Wiesbaden, Germany

Inhaltsverzeichnis

Teil I Schnelles Starten für richtig gute Ideen

1 Zum Einstieg: Der Berg ruft 3
Vielleicht fragen Sie sich, warum auf dem
Deckblatt ein Berg für die Ideenentwicklung
abgebildet ist. 4
Warum funktionieren Kreativitäts-techniken
nicht richtig?. 4
Apropos Kreativitätstechniken 6
Mehr zum Routenplaner Kreativität
und zur Bergmetapher 6
Ein Wegweiser für Ihr Reisen im Buch 9

2 Bergknowhow und Bergausrüstung 15
Was ist überhaupt Kreativität?. 16
Was zeichnet einen kreativen Menschen aus?. . . 18
Motivation ist der Schlüssel für den kreativen
Erfolg 21
Wie läuft ein kreativer Prozess ab?. 22
Für Kreativität brauchen Sie Flow. 24
Kreativität können Sie trainieren. 26

Werfen wir einen Blick auf die Welt der
Kreativitätstechniken 27
Wenn Helden reisen 30
Wie ist der grundlegende Ablauf einer
kreativen Bergtour? 34

**3 Sofort loslegen: Kreative Bergtour
mit Bergführer** 37

Teil II Tiefes Eintauchen für richtig gute Ideen

4 Fixpunkte auf der kreativen Bergtour 73
Das Problem ist der Auslöser für die Tour 74
Die Aufgabe weist den Weg zur Idee 77
Die Idee ist der kreative Funke zur Halbzeit 78
Das Modell konkretisiert die Idee 80
Die Lösung ist der Ausgangspunkt für
die Umsetzung 81

**5 Aufbrechen in den Berg für die
Ideenvorbereitung** 83
Wissenausbreiten 84
Gedankenverdichten 88
Impulseaufnehmen 91

6 Ansteigen am Berg für die Ideenfindung 95
Geistesblitzesammeln 96
Ingrenzenweiterdenken 100
Bilderträumen 103

**7 Absteigen vom Berg für die
Ideenausarbeitung** 109
Rahmensprengen 110
Abstechermachen 113
Sinnbasteln 117

8 Ankommen daheim für die Ideenplanung ... 121
Imkopfzurechtlegen 122
Begeisterungwecken 125
Insvisiernehmen 129

9 Weitere Bergtipps 133
Nützliche Infos für kreative Bergtouren
im Team 134
Noch mehr Kreativitätsenergyzer 135
Routenpläne für kreative Bergtouren 137

10 Eigene Bergerfahrungen 143

**Verzeichnis zu Reflexionssternen,
Kreativitätsübungen und Kreativitätsenergyzern** ... 151

Literaturverzeichnis 155

Über den Autor

Stephan Sonnenburg ist Professor für »Branding, Creativity and Performative Management« und Leiter des Masterstudienganges Management an der Karlshochschule International University. Er studierte an der Universität der Künste Berlin Gesellschafts- und Wirtschaftskommunikation und promovierte mit der ersten umfassenden Arbeit zu Teamkreativität im deutschsprachigen Raum. Vor seiner akademischen Laufbahn betreute Stephan Sonnenburg als Strategic und Creative Planner in Werbeagenturen nationale und internationale Marken. Seit 20 Jahren setzt er sich in seiner Forschung und praktischen Arbeit mit Kreativitätsförderung und Ideenentwicklung auseinander. Er ist zertifizierter Lego Serious Play Facilitator und hat eine Ausbildung in Design Thinking. Stephan Sonnenburg entwickelte die Heldenreise nach Joseph Campbell zu einer kreativen Bergtour. Er berät und unterstützt Organisationen auf ihren kreativen Reisen zu richtig guten Ideen.

Teil I

Schnelles Starten für richtig gute Ideen

1
Zum Einstieg: Der Berg ruft

Irgendwie stehen Sie vor einer Herausforderung. Irgendetwas wollen Sie wissen. Irgendwie muss etwas für Sie anders werden. Dies mögen Gründe sein, warum Sie auf den »Routenplaner Kreativität: So kommen Sie im Alltag und Job sofort auf richtig gute Ideen« gestoßen sind. Ich bin mir sicher, dass das Buch Ihnen weiterhelfen wird, Antworten für Ihre Herausforderungen und Probleme zu finden. Der Routenplaner Kreativität ist kein Wissenschaftsbuch, aber er basiert auf meinen langjährigen Erfahrungen als Kreativitätsforscher und Kreativitätstrainer. Deshalb geht es im Buch weniger um Wissensaufbau, sondern vielmehr darum, dass Sie Inspirationen für die eigene Ideenentfaltung bekommen.

Vielleicht fragen Sie sich, warum auf dem Deckblatt ein Berg für die Ideenentwicklung abgebildet ist

Vielleicht fragen Sie sich auch, warum ein Buch über Kreativität ein Routenplaner sein soll. Diese Buchidee kam mir selbst auf einer Reise in den Alpen, bei der ich mir wieder einmal die Frage stellte, warum ich viele Bücher zu Kreativitätstechniken und zur Ideenentwicklung im Regal habe, aber sie nicht wirklich als Arbeitsbücher benutze. Zumeist schaue ich ein oder zwei Mal hinein und lege sie dann doch zur Seite. Warum ist dies so?

Es gibt unzählige Bücher, die Ihnen helfen wollen, Ihre Kreativität zu steigern, um auf gute Ideen zu kommen. Bestimmt haben Sie selbst schon versucht, Ihre Kreativität zu wecken. Und die eine oder andere Technik haben Sie irgendwann einmal angewendet, allen voran den Klassiker Brainstorming oder sogar Mindmapping. Aber immer wieder höre ich, dass Menschen mit den Techniken nicht zurechtkommen.

Liegt es an Ihnen? Liegt es an den Techniken? Ich sage nein. Es liegt nicht an Ihnen oder an den Techniken. Jeder kann für sich oder im Team wirklich gute Ideen entwickeln, wenn wirkstarke Kreativitätstechniken richtig angewendet werden.

Warum funktionieren Kreativitätstechniken nicht richtig?

Viele Fachbücher zu Kreativitätstechniken geben wertvolle Einblicke und enthalten praktische Hinweise. Leider sind sie häufig zu abstrakt und binden die Kreativitätstechniken nicht überzeugend in einen Lern- und Prozesskontext ein. Sie erklären nicht wirklich, wann und wozu die

Kreativitätstechniken eingesetzt werden sollen. Hinzu kommt, dass sie oft einzeln vorgestellt werden, aber nicht als Teil eines größeren Ganzen.

Viele Kreativitätstechniken sind auch zu kompliziert, um sie einfach im Alltag anwenden zu können. Viele Bücher reihen eine Kreativitätstechnik an die andere. Es scheint darum zu gehen, den Wettbewerb zu gewinnen, wer die meisten Kreativitätstechniken auflisten kann. Dies führt zu der Schwierigkeit, aus dem Überangebot die passenden Techniken auszuwählen, um die eigene Kreativität zu steigern.

Bewusst verzichtet der Routenplaner Kreativität auf Fallbeispiele von sehr erfolgreichen Menschen und Unternehmen. Verbringen Sie zu viel Zeit mit solchen Beispielen, besteht die Gefahr, dass Sie sich entweder blockieren, im Sinne von, das schaffe ich nie, oder dass Sie abwiegeln, im Sinne von, das Glück habe ich nie. Nutzen Sie für Fallbeispiele andere Bücher und durchforsten Sie das Internet. In diesem Buch geht es um Sie und Ihren Erfolg in der Ideenfindung und Ideenvertiefung. Und es geht darum, wie Sie systematisch und zielführend mit Ihrer Kreativität arbeiten können.

Kreativität ist ein schillerndes Phänomen: Wir reden darüber, bewundern es, können es jedoch nicht richtig erfassen. Die Einen sprechen von »kindlichem Ausleben der Kreativität«, die Anderen von »Thinking outside the Box«. In anderen Worten: Kreativität soll für eine Art Leichtigkeit des Seins stehen. Dies ist ein Trugschluss. Kreativität ist nicht einfach da. Kreativität entsteht nicht aus dem Nichts oder im Irgendwo. Kreativität ist keine statische Größe.

In Wirklichkeit entsteht Kreativität im Tun und in der Auseinandersetzung mit einem Problem oder einer Herausforderung. Da Probleme und Herausforderungen völlig individuell und unterschiedlich komplex sein können, gibt es nicht die eine ultimative Kreativität oder den einen Weg zur Lösung. Ideen müssen in der Auseinandersetzung mit dem Problem geboren werden. Dies kann ein sehr mühsamer

Weg sein, der Sie an Ihre eigenen Grenzen führt. Gerade dort kann sich aber ein Höchstmaß an Kreativität entfalten. Haben Sie dann eine richtig gute Idee gefunden, werden Sie überaus motiviert mit der Idee umgehen und sie für die Umsetzung ausarbeiten.

Aber wer kann Sie auf dem mühsamen Weg begleiten? Was kann Sie bei der eigenen Kreativitätsentfaltung unterstützen? Welche Kreativitätstechniken gibt es außer Brainstorming noch? Und wie können Sie kreativ fit für die Zukunft werden?

Apropos Kreativitätstechniken

Die Bezeichnung Kreativitätstechniken werde ich ab jetzt nur höchst selten verwenden. Das Wort Technik stammt aus dem Griechischen und steht für Kunstfertigkeit und Handwerk. Mit der beginnenden industriellen Revolution hat sich seine Bedeutung bis heute verschoben. Technik steht mehr für Zweckmäßigkeit, Sachorientierung und eine naturwissenschaftliche Prägung.

Ich bevorzuge stattdessen die Bezeichnung Kreativitätsübungen. Eine Übung steht für ein methodisch wiederholtes Handeln, das darauf abzielt, Können zu erwerben, zu steigern und zu bewahren. Gerade Menschen, die Kreativitätsübungen immer wiederholen, steigern ihr kreatives Potenzial und können es auf Knopfdruck einsetzen.

Mehr zum Routenplaner Kreativität und zur Bergmetapher

Ich mag Metaphern, übertreibe manchmal jedoch mit dem Bilden und Einsetzen von Metaphern, möglicherweise auch in diesem Buch. Allerdings bin ich überzeugt, dass Metaphern den Horizont erweitern, zu neuen Einsichten führen und Unbekanntes besser erlernt und eingeübt werden kann. Das Metaphernbilden ist bereits eine Kreativitätsübung, um auf neue Ideen zu kommen. Deshalb möchte ich Sie ermuntern, in Metaphern zu denken.

Auf einer Reise in den Alpen kam mir die Einsicht, dass der Prozess vom Problem bis zur kreativen Lösung als eine Bergtour beschrieben werden kann. Die Metapher Berg steht für das erstrebenswerte Unbekannte und soll Sie motivieren, den Ideenberg bis zum Gipfel zu besteigen. Wer sich auf den Weg zu richtig guten Ideen machen will, muss die Komfortzone verlassen und die Reise ins Unbekannte wagen. Und auf Reisen werden Sie zum Helden Ihrer eigenen Kreativität. Dabei ist wichtig, dass Sie nicht ungeplant und kopflos den Berg der Ideen besteigen.

Die Bergmetapher verdeutlicht, dass der Gipfel lediglich ein Zwischenziel ist, allerdings der Woweffekt zur Halbzeit. Jeder Bergsteiger muss wieder hinabsteigen. Häufig ist der Abstieg anstrengender als der Aufstieg. So ist es auch mit Ideen. Es reicht nicht aus, gute Ideen zu haben. Wir alle wissen, dass viele Ideen nicht das Licht der Welt erblicken. Der Routenplaner Kreativität hilft Ihnen, die Ideen zu erfolgreichen Lösungen auszuarbeiten, und ermuntert Sie, die Lösungen tatsächlich umzusetzen.

Der Routenplaner Kreativität ist eine Hilfestellung für Bergauf und Bergab. Das Buch soll Ihren Glauben an sich selbst stärken, denn Sie sind zu noch mehr fähig, als Sie bisher dachten. Die besten Kreativitätsübungen helfen nicht, wenn Sie nicht an sich selbst und Ihre Fähigkeiten glauben. Die Bergmetapher soll Sie motivieren, sich auf die Reise zu Ihren Ideen zu machen.

Routenplaner, Berg und Bergtour sind aber mehr als ein reines Metaphernbündel. Sie sollen auch wie ein Reisender denken und handeln. Sie kennen doch den Spruch »Reisen bildet«. Dahinter steckt eine tiefe Wahrheit. Beim Reisen überrascht uns Vieles, da es anders ist. Deshalb fallen Ihnen in der Fremde kleine Details auf, von Verkehrszeichen über Briefkästen bis zum Trinkgeld im Taxi oder Restaurant. Auf Reisen lernen Sie mehr, weil Sie aufmerksamer und fokussierter sind. Sie versuchen ständig, die fremde Welt um sich herum zu entdecken. Diese Verhaltensweise ist gerade für Kreativprojekte sehr empfehlenswert.

Der Routenplaner Kreativität hilft Ihnen, sich auf das Unbekannte einzulassen. Er gibt Ihnen strukturierte Hilfestellungen und macht Sie fit für die anstehenden »Bergtouren«, so dass Sie auf inspirierende Ideen kommen und den Gipfel der Ideen erreichen. Er nimmt Ihnen Angst und Stress während der Reise und versorgt Sie mit der richtigen Einstellung und einem positiven Mindset. Er ist ein übersichtlicher Leitfaden, wie Sie mit neuen und bewährten Kreativitätsübungen, die in der Praxis erprobt sind, richtig gute Ideen entwickeln und erfolgreich in die Tat umsetzen. Der Routenplaner Kreativität setzt nicht auf Masse, sondern auf Klasse. Insgesamt werden nur 12 Kreativitätsübungen vorgestellt, die einzeln, aber vor allem kombiniert durchgeführt werden können.

Ein Teil der Kreativitätsübungen basiert auf Klassikern wie Brainstorming oder Mindmapping, allerdings abgewandelt und umbenannt. Dies liegt gerade darin begründet, dass das Image der Klassiker abgenutzt ist. Immer wieder höre ich Aussagen wie »das kenne ich schon« oder »das bringt nichts«. Auch werden die Klassiker häufig falsch angewendet. Um all dies zu vermeiden, habe ich mir eigene Namen für die Kreativitätsübungen im Routenplaner Kreativität überlegt.

Zu jeder Kreativitätsübung werden weitere Variationen zur Vertiefung und Abwechslung vorgestellt. Die Übungen in diesem Buch sind hilfreich, um sich selbst und andere zu motivieren. Sie können sie mit fast allen Problemen verknüpfen und als Hilfsmittel in Ihrer Arbeit einsetzen. Für das Salz in der Suppe sorgen Kreativitätsenergyzer, die ich öfters in die Übungen einstreue. Sie helfen Ihnen, in andere Richtungen zu denken, und regen Sie zu neuen Ideen an.

Die Kreativitätsübungen sind praxistauglich und einfach zu handhaben, so dass sie zu Ritualen und ständigen Begleitern im Alltag werden können. Sie sollen auch das Potenzial haben, dass Sie die Übungen leicht verändern und anpassen können. Denn jedes Ritual braucht von Zeit zu Zeit eine Erneuerung, um noch zu wirken. Ich würde mich freuen, wenn Sie zu eigenen Variationen der 12 Kreativitätsübungen angeregt werden. Nutzen Sie hierfür die Leerseiten am Ende des Buches.

Ein Wegweiser für Ihr Reisen im Buch

Der »Routenplaner Kreativität: So kommen Sie im Alltag und Job sofort auf richtig gute Ideen« eignet sich für »Schnellstarter« (Teil 1) und »Tiefeintaucher« (Teil 2). Zuerst werde ich Ihnen einen Einblick in die einzelnen Kapitel geben. Im Anschluss daran stelle ich Ihnen zwei mögliche Leserouten vor.

Das Rüstzeug wird Ihnen in Kap. 2 »Bergknowhow und Bergausrüstung« an die Hand gegeben. Ich steige kurz in die Geschichte der Kreativität ein und erkläre wesentliche Begriffe. Auf eine detaillierte Darstellung der Entstehung der einzelnen Kreativitätsübungen habe ich bewusst verzichtet, denn das Augenmerk liegt auf der praktischen Anwendung. Vor allem stelle ich Ihnen die methodische und konzeptionelle Inspiration für die kreative Bergtour vor: die Heldenreise nach Joseph Campbell, dem bedeutendsten Mythenforscher des 20. Jahrhunderts. Abschließend erkläre ich Ihnen, wie eine kreative Bergtour grundsätzlich abläuft und was Sie beim Reisen beachten sollten.

Mit Kap. 3 »Sofort loslegen: Kreative Bergtour mit Bergführer« kommen Sie direkt ins praktische Tun. Ich erkläre Ihnen Schritt für Schritt, was auf der Tour passiert, wie Sie den Ideengipfel erreichen und nach Hause zurückkommen. Damit Sie sofort mit der kreativen Bergtour starten und vorankommen, sind die Erklärungen und Begründungen sehr kurzgehalten. Immer wieder ermuntere ich Sie, weiter aktiv zu bleiben, und unterstütze Sie, falls es einfach mal nicht gut läuft. Während der Bergtour wenden Sie die 12 grundlegenden Kreativitätsübungen auf ganz natürliche Weise an. Ich erkläre Ihnen, wie Sie mit den fünf Meilensteinen bzw. Fixpunkten (Start, drei Etappenziele, Ende) umgehen sollen. Obwohl ich die kreative Bergtour für eine Person gestaltet habe, bin ich mir sicher, dass Sie die Hinweise leicht auf ein Team übertragen können. Somit wandern Sie gleich mit Freunden oder Kollegen los.

Das Kap. 4 »Fixpunkte auf der kreativen Bergtour« beschäftigt sich umfassend mit dem Problem als Ausgangspunkt Ihrer Reise sowie der Aufgabenstellung, der entwickelten Idee, der ausgearbeiteten Idee im Modell sowie der Lösung, die in die weitere Umsetzung überführt wird. Die fünf Fixpunkte sind Momente der Freude, denn Sie haben etwas erreicht, aber auch Momente der Reflexion, denn Sie sollten sich ganz sicher sein, dass Sie wirklich mit dem aktuellen Fixpunkt zufrieden sind und weiterwandern wollen.

Die Kap. 5 »Aufbrechen in den Berg für die Ideenvorbereitung« , Kap. 6 »Ansteigen am Berg für die Ideenfindung« Kap. 7 »Absteigen vom Berg für die Ideenausarbeitung« sowie Kap. 8 »Ankommen daheim für die Ideenplanung« setzen sich intensiv mit den 12 Kreativitätsübungen und ihren Variationen auseinander. Sie können jede Übung im Rahmen einer kreativen Bergtour oder einzeln anwenden. Jede Kreativitätsübung ist aus zwei Schritten aufgebaut: Öffnen und Schließen. Das Öffnen sorgt für Denken in die Breite; das Schließen für Denken auf den Punkt. Deshalb erreichen Sie mit jeder Übung ein Ergebnis, mit dem Sie weiterreisen können. Die einzelnen Kreativitätsübungen sind zu Beginn jeweils mit einer Kurzbeschreibung und Angaben über die ungefähre Dauer, die Teilnehmeranzahl sowie benötigtes Material versehen. In diesen Kapiteln ist es mein Ziel, dass Sie die Kreativitätsübungen schnell verstehen und praktisch anwenden können.

In Kap. 9 »Weitere Bergtipps« gebe ich nützliche Hinweise für das kreative »Bergwandern«. Es werden Reiserouten vorgestellt, die sich für bestimmte Problemsituationen im Alltag und Job anbieten. Ich möchte Sie motivieren, den Routenplaner Kreativität auf Ihre ganz eigene Art zu nutzen, um individuelle Reiserouten zu planen. Kombinieren Sie die vorgestellten Kreativitätsübungen, ihre Variationen sowie Kreativitätsenergyzer für das Bergauf und Bergab.

Kap. 10 »Eigene Bergerfahrungen« besteht aus Leerseiten für Ihre eigenen Notizen wie Gedanken, Ideen und Reflexionen, aber auch für Anregungen oder Ihre ganz eigenen Variationen der Kreativitätsübungen. Ich würde mich sehr freuen, wenn Sie mir Ihre Weiterentwicklungen und Verbesserungsvorschläge mitteilten.

Am Ende des Buches gibt es ein Verzeichnis zu Reflexionssternen, Kreativitätsübungen und Kreativitätsenergyzern. Möchten Sie sich mit Kreativität als gesellschaftlichem Phänomen und mit Kreativitätsförderung intensiver beschäftigen, finden Sie abschließend weiterführende Literaturangaben.

Gerne können Sie mich unter sonnenburg@routenplanerkreativitaet.de oder www.linkedin.com/in/stephan-sonnenburg-59b961123 kontaktieren.

Die folgende Abbildung gibt Ihnen einen ersten Gesamtüberblick über die Fixpunkte und die grundlegenden Kreativitätsübungen. Der Berg wird Ihnen immer wieder als Orientierungshilfe begegnen. Apropos immer wieder: Ich möchte darauf hinweisen, dass Wiederholung ein Konzept des Routenplaners Kreativität ist. Dies ist vor allem dem Umstand geschuldet, dass die Bergtour mit Bergführer in Kap. 3 für sich steht.

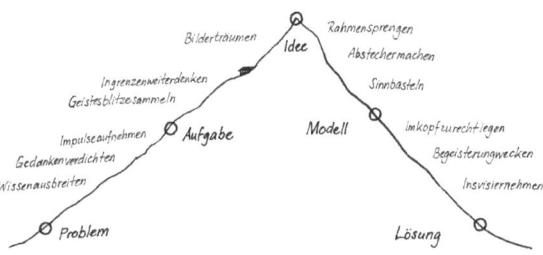

Falls Sie schon immer etwas über Kreativität und Kreativitätsmethoden wissen wollten und Dinge gerne umfassend durchdringen, dann lesen Sie zuerst Kap. 2 und entscheiden danach, ob Sie mit der Bergtour mit Bergführer starten (Kap. 3) oder erst noch mehr über Fixpunkte und Kreativitätsübungen erfahren möchten (Kap. 4 bis 9). Somit nähern Sie sich Schritt für Schritt den Kreativitätsübungen und ihren Variationen.

Haben Sie schon gute Erfahrungen mit Kreativitätsübungen gemacht, wollen aber etwas Neues ausprobieren, schlage ich vor, dass Sie sofort starten. Steigen Sie gleich in die Bergtour mit Bergführer (Kap. 3) ein. Machen Sie sich zuerst Gedanken über ein Problem oder eine Herausforderung und haben Sie die am Anfang von Kap. 3 beschriebene Bergausrüstung parat. Eine weitere Hilfe kann der Abschnitt »Wie läuft eine kreative Bergtour normalerweise ab?« in Kap. 2 sein.

Ein persönliches Wort an dieser Stelle. Beim Schreiben dieses Buches half mir sehr die Bergmetapher. Sie war für mich eine kreative Inspiration. Verstehen Sie die Bergmetapher als Orientierung. Lassen Sie Ihren Gedanken auch freien Lauf und ordnen Sie beim Lesen nicht alles der Metapher unter.

Genug der einführenden Worte. Ich wünsche Ihnen nun viel Freude beim Lesen und Aktivwerden. Mögen viele kreative Funken auf Ihren Bergtouren sprühen.

2

Bergknowhow und Bergausrüstung

Seit der Renaissance hat sich Kreativität zu einem bedeutenden gesellschaftlichen Phänomen entwickelt. Leonardo da Vinci, Michelangelo oder andere berühmte Universalgenies sorgten für eine Explosion an Entdeckungen in Kunst und Wissenschaft. Seit Mitte des 20. Jahrhunderts hat sich Kreativität zuerst in der Psychologie, dann in weiteren Wissenschaftsdisziplinen zu einem wichtigen Untersuchungsgegenstand entwickelt. Heute ist Kreativität ein Alltagsphänomen. Allerdings halten sich hartnäckig Vorurteile bis hin zu Mythen, welche den Umgang mit Kreativität erschweren. Dies spiegelt sich in folgenden Behauptungen wider:

- Kreativität benötigt man nur in bestimmten Bereichen wie Wissenschaft, Kunst oder Werbung.
- Kreativität ist eine besondere Begabung von einigen wenigen Menschen.
- Kreative Menschen sind sehr kompliziert und lassen sich nicht in Teams oder Unternehmen integrieren.
- Nur für große Ideen ist Kreativität erforderlich.

> Lassen Sie sich nichts anderes einreden: Jeder Mensch kann kreativ und einfallsreich sein. Aber nicht jeder Mensch glaubt daran, dass er kreativ ist und richtig gute Ideen kreieren kann. Dies ist das größte Hindernis. Der Routenplaner Kreativität will Sie motivieren, an Ihre Kreativität zu glauben und Ihre Kreativität einzusetzen.

Was ist überhaupt Kreativität?

Wie lässt sich das Phänomen beschreiben? Erstaunlicherweise können wir Kreativität sehr gut beobachten. Wir haben ein gutes Gespür dafür, wenn jemand kreativ ist und eine zündende Idee hat. Eine genaue Beschreibung von Kreativität ist bedeutend schwieriger, zumal es unzählige Definitionen in der Fachliteratur gibt. In den verschiedenen Branchen wird Kreativität unterschiedlich betrachtet, eher strukturiert in technikorientierten Industrien, eher frei in künstlerischen Industrien. Mein Verständnis von Kreativität möchte ich Ihnen jetzt näherbringen.

Seinen Ursprung hat das Wort in der lateinischen Sprache. Es leitet sich von »creare« ab, was schaffen, erschaffen, erzeugen oder ins Leben rufen bedeutet. Somit können wir festhalten, dass Kreativität, in welcher Form auch immer, durch das Neue charakterisiert ist. Nur das Neue wäre zu wenig, denn es fehlt eine entscheidende Komponente: die Sinnhaftigkeit. Neu ist vieles im Leben, aber es muss noch lange nicht sinnvoll sein. Kreativität lässt sich also wesentlich durch »neu« und »sinnvoll« charakterisieren. Was neu und sinnvoll ist, muss ausgehandelt werden und ist von Fall zu Fall sehr unterschiedlich.

Kreativität entsteht in der Auseinandersetzung mit einem Problem, das für eine Person oder ein Team bedeutend ist. Deshalb definiere ich Kreativität wie folgt: »Kreativität ist das projektgebundene Potenzial für sinnvolle Neuartigkeit,

2 Bergknowhow und Bergausrüstung

das sich im Reisen entfaltet.« Für ein besseres Verständnis möchte ich die Bestandteile der Definition Schritt für Schritt erläutern:

- Mit »Potenzial« meine ich Vermögen, Produktivität, Energie oder Leistungskraft.
- Das »Potenzial für sinnvolle Neuartigkeit« ist eine wesentliche Einschränkung, da es nun an einen Zweck gebunden wird. Kreativität bedeutet, dass wir etwas Neuartiges schaffen, nicht um jeden Preis, sondern für einen persönlichen oder gesellschaftlichen Sinn. Dabei ist Sinnhaftigkeit weit gefasst zu verstehen. Sie umschließt Nützlichkeit, Werthaltigkeit, Bedeutsamkeit und Qualität. Die sinnvolle Neuartigkeit ist kein Wert an sich, sondern sie steht immer in Relation zu einem Bezugspunkt, wie zum Beispiel zu einer bereits existierenden Lösung.
- Das »projektgebundene Potenzial für sinnvolle Neuartigkeit« steht dafür, dass Kreativität von bestimmten Faktoren abhängt. Dazu zählen vor allem die handelnden Personen, die Komplexität des Problems, der Projektverlauf sowie der Kontext wie Alltag oder Beruf.
- Das »projektgebundene Potenzial für sinnvolle Neuartigkeit, das sich im Reisen entfaltet« verdeutlicht, dass Kreativität erst im spezifischen Suchen, in Aktion, im Tun nach Ideen und Lösungen entsteht. Kreativität zeigt sich als ein dynamisches und sich stets veränderndes Phänomen.

Kreativität setzt da an, wo gewohnte Abläufe nicht mehr weiterhelfen. Neue Lösungswege müssen eingeschlagen werden. Jedoch benötigen auch diese Wege Grenzen, die durch die Projektgebundenheit, das Problem und die sich herauskristallisierende Lösung gesetzt sind. Deshalb suchen wir nicht nach den verrücktesten Ideen, sondern nach der passenden Lösung für ein Problem. Verrückte Ideen sind allerdings auf Ihrer kreativen Bergtour hilfreich. Sie sind wie Sprungbretter, um eine richtig gute Idee zu finden, die Sie zu einer Lösung ausarbeiten können.

Was zeichnet einen kreativen Menschen aus?

Und wer ist überhaupt ein kreativer Mensch? Im Zentrum der Kreativitätsforschung steht bis heute das Individuum mit seinen kreativen Merkmalen. Dabei liegt das Hauptinteresse in der Bestimmung der charakteristischen Eigenschaften kreativer Menschen. Entweder konzentriert sich die Forschung auf die Kreativität von Genies und herausragenden Persönlichkeiten oder auf die allgemeingültigen Eigenschaften von Kreativität und begreift sie somit als eine Grundausstattung des Menschen. Ich möchte Ihnen einen Überblick über wichtige und empirisch häufig bestätigte Merkmale geben, die für die kreative Leistungsfähigkeit bedeutend sind.

Zuerst zum Verhältnis von Kreativität und Intelligenz: Während bei Kreativität das Hervorbringen einer Idee im Mittelpunkt steht, umfasst Intelligenz die Fähigkeit, sich bewusst mit Umweltgegebenheiten auseinanderzusetzen und zweckorientiert zu handeln. Deshalb ist Intelligenz bei der Ideenbewertung und Ideenauswahl, sowie bei der Umsetzung und Kommunikation von Ideen hilfreich. Ich möchte betonen, dass zu viel Intelligenz auch hinderlich sein kann, gerade für die erfolgreiche Umsetzung von Ideen. Hier bedarf es einer gesunden Portion Menschenverstand.

Um kreative Lösungen in einer Disziplin oder Branche hervorbringen zu können, benötigt ein Mensch ausreichende Kenntnisse und Erfahrungen, die er sich im Verlauf seines Lebens aneignet. Wie lange und wie intensiv man sich für das Lösen komplexer Probleme vorbereiten muss,

2 Bergknowhow und Bergausrüstung

hängt von den individuellen kognitiven Fähigkeiten und von der jeweiligen Disziplin oder Branche ab. In diesem Zusammenhang sei auf das Lebensphasenmodell von Dean Keith Simonton (2018) verwiesen, mit dem man die meisten Biografien kreativer Menschen erklären kann:

- die Entwicklungsperiode, in der sich idealerweise das kreative Potenzial herausbildet,
- die produktive Periode, die sich durch herausragende Leistungen charakterisieren lässt und
- die Konsolidierungsperiode, in der das Lebenswerk abgerundet wird.

Als besonders wichtige Kreativitätsfähigkeit hat sich das bildhafte Vorstellungsvermögen erwiesen. Denn für die Entwicklung neuer Ideen stehen häufig keine fixen Kategorien zur Verfügung. Des Weiteren sind folgende Kognitionsfähigkeiten wichtig:

- das Bilden von Metaphern,
- die Fähigkeit tiefgehende Fragen zu stellen und Normen zu hinterfragen,
- eine kritische Haltung gegenüber der Umwelt und
- ein feinsinniges Gespür für das Erkennen und Verfolgen von lohnenswerten Problemen.

Gibt es tatsächlich einen kreativen Persönlichkeitstyp? So schwierig es ist, Kreativität zu definieren, so unmöglich ist es, den einen kreativen Persönlichkeitstyp zu beschreiben. Und dies ist gut so, denn ansonsten würden wir uns alle verbiegen und den Idealtyp kopieren. Innerhalb der Kreativitätsforschung haben sich mehr als 200 Verhaltens- und Persönlichkeitsmerkmale herauskristallisiert, die einen Einfluss auf Kreativität haben. Jedoch gibt es ein paar Merkmale, die häufiger genannt werden:

- Als herausragend gilt die Ichstärke, die sich in Selbstvertrauen, Selbstakzeptanz und Offenheit gegenüber neuen Erfahrungen zeigt. Sie führt zu Risikobereitschaft, spiegelt sich aber auch in einem gesunden Maß an Angst wider.
- Die Ichstärke wird durch eine auffällige Frustrationstoleranz flankiert. Sie erleichtert kreativen Menschen, ohne zu resignieren, den Umgang mit psychischen und sozialen Dissonanzen sowie den Umgang mit Barrieren und Sanktionen.
- Als relevant gilt ein hohes Energiepotenzial, das sich in Durchhaltevermögen, Genügsamkeit, Selbstdisziplin, Vitalität, Spontaneität, Impulsivität oder Ehrgeiz zeigt.
- Das Energiepotenzial wird ergänzt durch starke Sensibilität, die sich in Einfühlungsvermögen und in einem gewissen Maß an bewahrter kindlicher Naivität ausdrückt.
- Die kreative Persönlichkeit lässt sich durch das Interesse für Komplexität charakterisieren, indem sie sich schwierigen Situationen und Aufgaben stellt. Dafür bedarf es wichtiger Eigenschaften wie umfassendes Auseinandersetzen mit der Thematik, Vermeidung von Vereinfachungen, Toleranz gegenüber Mehrdeutigkeit, Reflexionsfähigkeit, Intuition, aber auch Geduld und Selbstkritik.
- Kreatives Denken und Handeln fußen auf dem Drang nach Unabhängigkeit. Kreative Persönlichkeiten verhalten sich unkonventionell in Bezug auf gesellschaftliche Erwartungen.

Lassen Sie sich von dieser Auflistung nicht abschrecken. Die »Checkliste zur individuellen Kreativität« reduziert die Merkmale auf ein gesundes Maß. Gehen Sie die nachfolgenden Aussagen gründlich durch und kreuzen Sie an, wie oft Sie auf eine bestimmte Weise vorgehen. Die Aussagen können dazu beitragen, Vertrauen in Ihre eigene Kreativität zu entwickeln. Schauen Sie sich das Gesamtbild an. Wo stehen Sie bezüglich Ihrer eigenen Kreativität? Wo gibt es

Verbesserungspotenzial? Unter Punkt 13 können Sie tiefer einsteigen und Ihre Eindrücke, Gedanken und vor allem Wünsche festhalten.

	Aussagen	☹☹☹	☹☹	☹	☺	☺☺	☺☺☺
1.	Ich löse mich vom Üblichen und Alltäglichen.						
2.	Ich bewerte eigene Ideen nicht sofort.						
3.	Ich entwickle verschiedene Lösungen.						
4.	Ich bin nicht zu früh mit Lösungen zufrieden.						
5.	Ich lasse mir Zeit zum Nachdenken.						
6.	Ich vertraue meinem inneren Gefühl.						
7.	Ich gebe mir Freiräume für die Ideenfindung.						
8.	Ich entwickle gerne spielerisch Lösungen.						
9.	Ich verknüpfe Unbekanntes mit Bekanntem.						
10.	Ich sehe Dinge einmal anders.						
11.	Ich setze mich dem Fremden aus.						
12.	Ich betrachte Widerstände als Herausforderung.						
13.	Ich wünsche mir, dass ich ...						

Motivation ist der Schlüssel für den kreativen Erfolg

In Bezug auf den kreativen Menschen habe ich noch nicht von der Motivation gesprochen. Dieses Merkmal ist entscheidend, denn nur so wird aus dem Können ein Wollen. Motivation kann als Katalysator für die Entfaltung des kreativen Potenzials umschrieben werden. Grundsätzlich ist zwischen intrinsischer und extrinsischer Motivation zu unterscheiden. Intrinsische Motive lassen sich direkt aus den

Qualitäten des Problems herleiten, wie zum Beispiel Neugierde oder Faszination für die Aufgabenstellung. Extrinsische Motive lassen sich im weitesten Sinne auf soziale Faktoren zurückführen, die für ein Individuum wichtig sind. Dazu zählen das Geldverdienen, Belohnung oder Anerkennung. Die Motive können auch stark ausgeprägte positive Emotionen wie Leidenschaft und Liebe für die Sache selbst (intrinsisch) oder für nahestehende Menschen (extrinsisch) sein. Zumeist fallen intrinsische und extrinsische Motive zusammen, so dass für ein Problem eine kreative Lösung entwickelt werden kann. Wären nur intrinsische Motive für Menschen bedeutend, könnte man nicht erklären, warum Forscher ihre Erkenntnisse veröffentlichen wollen oder Künstler daran interessiert sind, ihre Werke auszustellen und zu verkaufen.

Zusammenfassend möchte ich festhalten, dass kognitive und persönliche Merkmale sowie Motive ein facettenreiches Bild über den kreativen Menschen ergeben. Begreifen Sie die Merkmale nicht als Bausteine, die einfach zusammengesetzt werden müssen. Es gibt nicht die idealtypische Konstellation oder den Einheitstyp eines kreativen Menschen. Welche Merkmale in welcher Ausprägung und in welcher Kombination für Kreativität bedeutend sind, hängt von Ihnen, vom Problem und vom Projekt ab.

Wie läuft ein kreativer Prozess ab?

Die Forschung untersucht den kreativen Prozess vorwiegend als psychisches Problemlösen, wobei die Phasen durchaus auf Teams übertragen werden können. Um den kreativen Prozess zu visualisieren und somit für die Kreativitätsförderung nutzbar zu machen, haben sich Phasenmodelle durchgesetzt. Autoren berufen sich gerne auf das Modell von Graham Wallas, der den kreativen Prozess bereits 1926 in vier Phasen unterteilt:

2 Bergknowhow und Bergausrüstung

- Präparation: Nachdem sich das Problem herauskristallisiert hat, werden relevante Informationen gesammelt. Sowohl Quantität als auch Qualität können für die Auseinandersetzung mit dem Problem hilfreich sein. Eine breit gefächerte Wissensbasis wirkt einer vorschnellen Kategorisierung und Verallgemeinerung im Verlauf des Prozesses entgegen.
- Inkubation: Diese Phase macht vermutlich den Unterschied. Sie wird als schöpferische Pause beschrieben, in der eine zumeist unbewusste Weiterverarbeitung mit dem Problem erfolgt. Mit dem in der Präparation erworbenen Wissen wird in Form von Hypothesen oder Metaphern gespielt.
- Illumination: Sie ergibt sich aus der Inkubation durch die Synthese der sich im Prozess herauskristallisierenden Wissenselemente. Die Illumination kann als plötzlicher Einfall oder Aha-Effekt charakterisiert werden. Sie gilt als der bedeutendste Moment des kreativen Problemlösens.
- Verifikation: Nicht jeder Einfall wird nach einer kritischen Beleuchtung als wertvoll eingestuft. Nach einer Bewertung in Hinsicht auf Neuartigkeit und Sinnhaftigkeit wird die Idee verworfen oder als gut befunden. Die Idee wird dann so lange verändert oder angepasst, bis die Lösung entwickelt ist.

Aus dem Grundmodell von Wallas haben sich Modifikationen ergeben. So hat sich die Problemstellung als eigene Phase zu Beginn des kreativen Prozesses etabliert, wobei man grundsätzlich zwischen zwei idealtypischen Problemarten unterscheiden kann: vorformulierte und selbst entdeckte Probleme. Der wesentliche Unterschied liegt in der Dauer des kreativen Prozesses. Vorgegebene Problemstellungen führen tendenziell zu kürzeren Prozessen, da »nur noch« die Lösung erarbeitet werden muss. Wird die Problemstellung innerhalb des Prozesses erarbeitet, benötigt man eindeutig mehr Zeit, nicht nur am Anfang, sondern auch im Prozessverlauf.

Während des kreativen Prozesses kann Frustration auf dem Weg zur Illumination als eine weitere Phase betrachtet werden. Frust entsteht, wenn der nach einer Lösung suchende Mensch an seine Grenzen stößt. Solche Phasen lassen sich vor allem zwischen der Präparation und der Inkubation feststellen.

Im klassischen kreativen Prozess fehlt eine entscheidende Phase, da die Lösung letztendlich in die Praxis überführt werden muss. Somit bekommt der kreative Prozess eine soziale und kulturelle Dimension. Gerade bei Ideen im beruflichen Umfeld ist die unternehmerische Bewertung und die Marktakzeptanz entscheidend.

Zusammenfassend möchte ich betonen, dass eine kreative Idee zumeist kein blitzartiges Ereignis, sondern das Ergebnis eines langwierigen Prozesses darstellt. Es gibt nicht den einen einzigen kreativen Standardprozess, jedoch kann Ihnen das grundlegende Phasenmodell eine Orientierung bieten.

Für Kreativität brauchen Sie Flow

In einer Studie aus den 1970er-Jahren über leistungsstarke Persönlichkeiten konnte Mihaly Csikszentmihalyi einen psychischen und körperlichen Zustand in sportlichen Aktivitäten, Spielen, Ritualen sowie im Beruf und im künstlerischen Schaffen beobachten. Diesen Zustand bezeichnete er als »Flow«, eine optimale Erfahrung, in der Menschen Glück empfinden. Flow umschreibt ein Gefühl der mühelosen Aktivität, als ob nichts anderes wichtig wäre, und die Erfahrung selbst das Ausschlaggebende ist. In solchen Zuständen sind Gedanken, Gefühle, Wünsche und Handlungen im Einklang.

Für das Flowerlebnis haben sich in unserer Alltagssprache andere Bezeichnungen eingebürgert wie »im Fluss sein«, »gut drauf sein«, »in Stimmung sein« oder »ein magischer Augenblick«. Menschen im Flow spüren keinen Unterschied zwischen Umwelt und sich selbst. Vergangenheit, Gegenwart und Zukunft sind verschmolzen.

Flow ist keine normale Alltagserfahrung. Flow entsteht, wenn Menschen ihre Lieblingsaktivitäten ausüben oder in schwierigen Projekten aktiv werden. Dies sind zumeist Aktivitäten, in denen eine kreative Leistung erwartet wird. Csikszentmihalyi (2018) konnte beobachten, dass sich Flow aus mehreren Komponenten zusammensetzt:

- ein klares Ziel vor Augen,
- hohe Konzentration auf die Herausforderung,
- Vermeidung von Ablenkung,
- Verlust des Zeitgefühles,
- intrinsische Motivation.

Von besonderer Bedeutung, gerade für Kreativprojekte, ist das Gleichgewicht zwischen der Herausforderung, die im Problem steckt, und den Fähigkeiten, die Sie mitbringen. Ist die Herausforderung zu groß für Ihre Fähigkeiten, fühlen Sie sich gestresst oder sogar blockiert. Sind Ihre Fähigkeiten zu ausgeprägt für das Problem, fühlen Sie sich unterfordert oder gar gelangweilt. Je größer Ihre kreativen Fähigkeiten sind, desto komplexer können die Probleme sein, denen Sie sich stellen. Haben Sie das Gleichgewicht aus Herausforderung und Fähigkeiten gefunden, befinden Sie sich im Flowkanal, wie die folgende Abbildung verdeutlicht. Je weiter Sie sich im Flowkanal befinden, desto mehr wird Ihre Kreativität freigesetzt. Dies macht Sie glücklich und zufrieden.

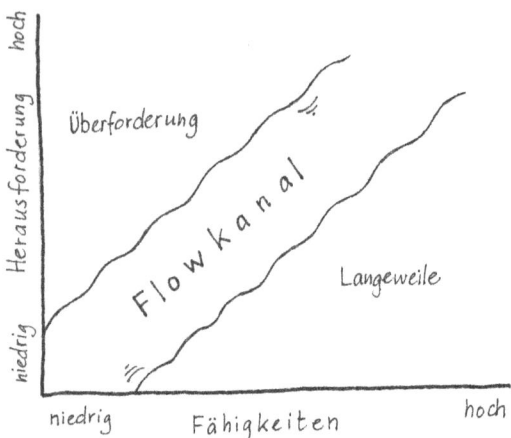

Kreativität können Sie trainieren

Kreativität sollten Sie trainieren. Denn richtig gute Ideen entstehen nicht einfach so. Sie fallen nicht vom Himmel, sie müssen hart erarbeitet werden. Aber das harte Arbeiten an den Ideen kann Spaß machen. Dabei hilft Ihnen der richtige Mix aus Mut, Motivation und Methode. Um Ihr kreatives Potenzial zu nutzen und zielgerichtet einzusetzen, sollten Sie regelmäßig üben. Je mehr Sie Kreativität üben, desto leichter wird es Ihnen fallen, auf Knopfdruck kreativ zu sein, desto leichter wird es Ihnen fallen, für alle Arten von Problemen passende Ideen zu finden.

> Kreativität ist wie ein Ideenmuskel, der laufend trainiert werden muss, ansonsten verkümmert er.

Beginnen Sie mit der Ideenentwicklung und verschieben Sie nicht alle Vorsätze auf morgen. Kreativitätsübungen helfen Ihnen, ins Starten zu kommen und den Ideenmuskel zu trainieren. Grundsätzlich gilt: Je häufiger Sie eine Kreativitätsübung durchführen, desto höher wird die Qualität der Ideen. Folgendes sollten Sie beachten: Es gibt Kreativitätsübungen, die einfach nicht zu Ihrer Persönlichkeit passen oder Ihnen nicht gefallen. Finden Sie nach mehreren Versuchen keinen Zugang zu einer Kreativitätsübung, probieren Sie eine andere Übung aus oder variieren Sie die Übung nach Ihren Bedürfnissen. Die Variationen in den Kap. 5 bis 8 sollen Sie anregen, die Grundübungen zu verfeinern.

Für die meisten Kreativitätsübungen sollten Sie 30 bis 60 Minuten einplanen. Investieren Sie zu wenig Zeit, tauchen Sie nicht tief genug in die Übung ein. Es gibt aber einen Punkt, an dem einfach nichts mehr geht. Dieser Punkt hängt davon ab, wo Sie sich gerade auf der kreativen Bergtour befinden. Nach einer Stunde wird dieser Punkt irgendwann kommen. Sie selbst müssen ein Gefühl entwickeln, wann es mit der einzelnen Kreativitätsübung genug ist.

Werfen wir einen Blick auf die Welt der Kreativitätstechniken

Bestimmt haben Sie schon Ideen gehabt, im Alltag und Job, für sich oder im Team. Es stellt sich nun die Frage, wie kommen Sie systematisch, absichtlich und bewusst zu richtig guten Ideen. Die Frage ist dann entscheidend, wenn Sie das Gefühl haben, dass Sie in diesem Moment eine zündende Idee benötigen. Dabei helfen Ihnen Kreativitätstechniken. Ich spreche von Kreativitätsübungen.

Die Anzahl der publizierten und in der Praxis angewendeten Kreativitätstechniken ist unüberschaubar. Jedoch lassen sie sich auf bestimmte Basistechniken zurückführen, die in allen Phasen eines kreativen Prozesses förderlich sind und gezielt eingesetzt werden können. Besonders wichtig sind Kreativitätsübungen zwischen den Phasen Inkubation und Illumination.

Wie lassen sich Kreativitätsübungen beschreiben? Kreativitätsübungen stellen strukturierte Methoden dar, um gewohnte Denkweisen aufzubrechen, Denk- und Handlungsspielräume auszuloten und die Ideenentwicklung zu stimulieren. Somit erleichtern sie die Suche nach Ideen. Dabei zeichnen methodische Kniffe wie wechselseitiges Assoziieren, Analogieschließen, Kombinieren, Variieren, Abstrahieren oder Zerlegen die meisten Kreativitätsübungen aus. Viele Menschen sind der Meinung, dass Kreativitätsübungen das Denken oder Nachdenken abnehmen. Dies ist ein Trugschluss. Ist kein Wissen vorhanden, dann helfen auch die coolsten Kreativitätsübungen nichts.

Am Beispiel des Brainstormings, der mit Abstand bekanntesten Kreativitätstechnik und der Grundtyp vieler Variationen, möchte ich Ihnen erklären, dass bei der Entscheidung für eine bestimmte Methode mehrere Aspekte zu beachten sind. Die Regeln des Brainstormings können Sie sich schon einmal merken, da sie während Ihrer kreativen Bergtour angewendet werden.

Brainstorming wurde 1938 von Alex Osborn entwickelt. Bei dieser Technik kommt eine Gruppe von Menschen zusammen, um eine Liste von Ideen zu erstellen, die anschließend ausgewertet und weiterverarbeitet werden können. Vier Regeln bestimmen den Ablauf einer Brainstormingsession:

- keine Kritik während der Ideenfindung,
- der Fantasie freien Lauf lassen,
- bei Teamarbeit die Ideen der anderen weiterentwickeln,
- möglichst viele Ideen produzieren.

Häufig wird die letzte Regel variiert, wobei das Ziel nicht Quantität, sondern Qualität ist, die Suche nach der bestmöglichen Idee. Brainstorming ist der Klassiker, um auf schnelle Weise Ideen zu entwickeln. Es eignet sich für Soloarbeit und Teamarbeit. Beim Brainstorming, aber auch beim Einsatz jeder anderen Kreativitätsübung ist zu beachten, dass Sie situativ entscheiden müssen, welche Technik gerade erfolgsversprechend sein könnte. Eine positive Einstellung wirkt sich günstig auf Ihre Kreativitätsentfaltung aus. Im Teameinsatz sollte zumindest ein Teilnehmer den grundlegenden Ablauf beherrschen. Jedoch wird die Effektivität von Kreativitätsübungen gesteigert, wenn möglichst viele im Team die Technik kennen und selbst schon angewendet haben. Dies ist ein wichtiger Grund, warum Unternehmen bei Mitarbeitern den Einsatz von Kreativitätsübungen fördern sollten.

> Eine kreative Bergtour im Team macht zumeist mehr Spaß. Überlegen Sie aber genau, wen Sie auf die Bergtour mitnehmen wollen. Nicht jeder eignet sich für die Besteigung eines hohen Kreativberges.

Was zeichnet alle Kreativitätsübungen im Routenplaner Kreativität aus? Jede vorgestellte Kreativitätsübung folgt einem bestimmten Ablauf, der eine Öffnung und eine Schließung umfasst. Öffnung bedeutet, dass Sie Gedanken bzw. Ideen generieren, Schließung steht für die Reflexion und Bewertung der entwickelten Gedanken und Ideen. Obwohl die Ideengenerierung mehr Spaß macht und für Woweffekte sorgen kann, sollten Sie die Schließung nicht unterschätzen. Auf jeder Route müssen Entscheidungen getroffen werden, ansonsten kommen Sie nicht an Ihr Ziel, an die Lösung für das Problem.

> Besonders wichtig: Öffnen und schließen Sie nie zur gleichen Zeit. Trennen Sie immer die Ideengenerierung von der Ideenbewertung.

Wenn Helden reisen …

Kreatives Reisen ist nicht irgendein Reisen. Es lässt sich am besten mit dem Reisen eines Helden vergleichen. Die Idee des Heldenreisens stammt von Joseph Campbell, einem der bedeutendsten Mythenforscher des 20. Jahrhunderts. Er suchte und untersuchte weltweit unzählige Mythen, Märchen und religiöse Schriften und konnte feststellen, dass all diese Geschichten nach einem ähnlichen Muster ablaufen. Dieses Muster nannte er die Heldenreise. »Der Heros in tausend Gestalten« (Campbell 2011) wurde zum Standardwerk für Mythenforscher sowie für Filmdramaturgen.

Die Heldenreise beschreibt die elementaren Phasen der Transformation, die jeder Held auf seiner Reise durchlebt. Sie ist ein Muster, das nicht nur vielen Erzählungen zu Grunde liegt, sondern auch physisch, psychisch, emotional und spirituell erlebt werden kann. Das Muster ist simpel und doch gleichzeitig reich an möglichen Interpretationen und Ausgestaltungen. Dies zeigt sich an den verschiedensten Anwendungen im Schreiben, im Filmen und im wahren Leben. Deshalb möchte ich betonen, dass Campbell die Heldenreise als Gleichnis für die Transformation des Menschen entwickelt hat. Dieses Gleichnis stellt die zentrale Quelle für die Bergmetapher dar.

Wie lässt sich die Reise eines Helden kurz beschreiben? Eine Person, es kann auch eine Gruppe sein, verlässt ihre bekannte Welt und begibt sich auf eine Reise in die unbekannte Welt, in der sie Abenteuer zu bestehen hat. Die Reise endet wieder in der bekannten Welt, die durch die gewonnenen Erfahrungen transformiert wird. Niemand wird als Held geboren. Erst auf seiner Reise wird der Reisende zum Helden.

Campbell hat die Heldenreise weiter verfeinert und einen Heldenkreislauf entwickelt, der aus 21 verschiedenen Stufen besteht. Für einen besseren Überblick stelle ich die

2 Bergknowhow und Bergausrüstung 31

12 entscheidenden Stufen vor (siehe Abbildung). Ich bin mir sicher, es fällt Ihnen leicht, das Erzählte auf Alltagssituationen im Leben oder Job zu übertragen.

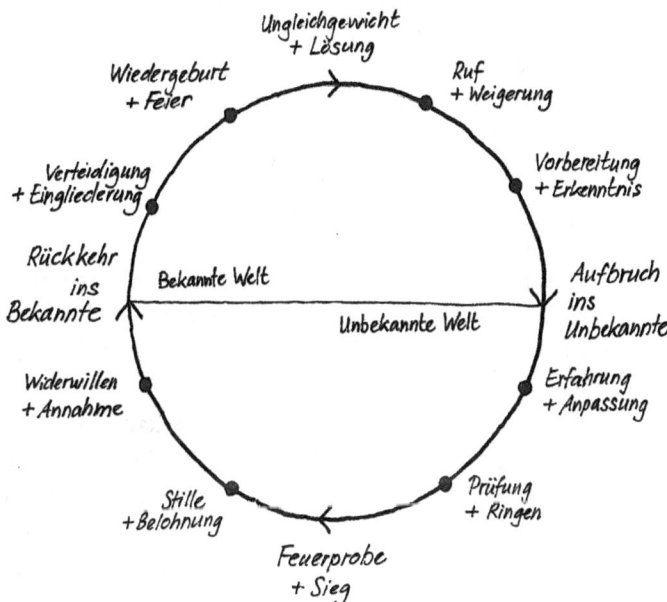

In jeder Geschichte wird ein Mensch, der sich zum Helden entwickelt, in einer bekannten Welt vorgestellt. Im Grunde fühlt er sich wohl in dieser Welt, er fühlt aber auch, dass irgendetwas in seinem Umfeld nicht stimmt. Er erhält einen Ruf, in eine unbekannte Welt aufzubrechen. Zuerst zögert er, er weigert sich sogar, nimmt aber schlussendlich den Ruf an. Er muss sich für die Reise vorbereiten und sammelt erste wichtige Erfahrungen.

Der Aufbruch ins Unbekannte beginnt mit dem Überschreiten einer Schwelle, die sich dem Helden in den Weg stellt. Dies kann ein scheinbar unüberwindbares Hindernis oder ein Wächter sein, der für den Zutritt in die unbekannte Welt zu besiegen ist. Spätestens nach dem Überschreiten der

Schwelle weiß der Held, was seine Aufgabe für das weitere Reisen ist.

In der unbekannten Welt sammelt er weitere Erfahrungen und passt sich der neuen Umwelt an. Dabei helfen ihm freundlich gesinnte Wesen. Auf seiner Reise muss er stets Prüfungen bestehen, bis es zur Feuerprobe bzw. zum Showdown kommt. Der Held muss sich dem größten Feind stellen. Nach langem Kampf siegt er.

Ein Moment der Stille kehrt ein, in dem der Held reflektiert, was mit ihm geschehen ist. Er erkennt den wahren Wert des Sieges und wird reich belohnt. Jetzt hat er das Gefühl, alles erreicht zu haben, was er sich jemals erträumt hat. Es entsteht ein Widerwille zur Weiterreise. Früher oder später wird dem Helden klar, dass seine Reise noch nicht zu Ende ist.

Nach weiteren Prüfungen in der unbekannten Welt kehrt der Held mit dem Überschreiten einer weiteren Schwelle in die bekannte Welt zurück. Allmählich gewöhnt er sich an das Leben zu Hause. Er muss sein Reisen verteidigen, was ihm aber hilft, sich wieder einzugliedern. Der Held erlebt eine Art Wiedergeburt, die ihn zum »wahren Helden«, zum »Meister der beiden Welten« transformiert. Dies ist ein feierlicher Moment für ihn und für die Gesellschaft. Obwohl die Heldenreise zu Ende ist, können neue Ungleichgewichte entstehen, so dass der Held oder eine andere Person die nächste Reise beginnt.

Welche Schlussfolgerung kann für das kreative Bergreisen gezogen werden? Stehen wir vor herausfordernden Problemen, haben wir häufig das Gefühl, dass nur wir mit diesen besonderen Problemen zu kämpfen haben. In verschiedenen Situationen haben Menschen allerdings schon vor uns ähnliche Probleme erlebt und Transformationen durchlaufen. Die Heldenreise thematisiert und illustriert eindrucksvoll diese Veränderungsprozesse.

2 Bergknowhow und Bergausrüstung 33

Die Heldenreise ist die ultimative und universale Darstellung von Veränderungsprozessen. Sie kann Ihnen beim kreativen Reisen ins Unbekannte helfen. Um kreativ zu sein, müssen Sie sich fortwährend selbst verändern, ansonsten ersticken Sie in Routine. Die Kreativitätsübungen in diesem Buch unterstützen Sie, ins Unbekannte vorzustoßen.

Der Zauber der Heldenreise besteht darin, dass sie Impuls, Methode und Prozess vereinigt. Die Heldenreise lenkt Sie, inspiriert Sie und hilft Ihnen, zur rechten Zeit im Kreativitätsprozess die richtigen Fragen zu stellen. Von besonderer Bedeutung sind vier Veränderungsmomente:

- Sie müssen die Reise beginnen. Es gibt keine Ausflüchte mehr, dass Sie nicht kreativ sind oder keine Ideen haben.
- Sie müssen ins Unbekannte vorstoßen. Hier entsteht Flow. Hier entfaltet sich Kreativität. Wagen Sie etwas außerhalb der Komfortzone.
- Sie müssen sich der großen Herausforderung stellen. Lassen Sie sich Zeit. Richtig gute Ideen finden Sie nicht sofort.
- Sie müssen erneut ins Bekannte zurückkehren. Ideen allein reichen nicht aus. Arbeiten Sie Ideen zu richtig guten Lösungen aus.

Nun könnten Sie sich fragen, warum ich im weiteren Verlauf des Buches nicht mit der vorgestellten Heldenreise arbeite. Sie ist für mich lediglich ein dramaturgisches Gerüst. Viele Drehbuchautoren haben sie für die Kreierung ihrer Geschichten genutzt. In diesem Buch verwende ich die Heldenreise als Gerüst für die kreative Bergtour, denn sie ist eine besondere Heldenreise.

Wie ist der grundlegende Ablauf einer kreativen Bergtour?

Wie im richtigen Leben können Sie allein oder mit anderen auf eine kreative Bergtour gehen. Planen Sie für Ihre Tour ausreichend Zeit ein, nicht nur für das Erreichen der Etappenziele und der einzelnen Kreativitätsübungen, sondern auch für Pausen während der Tour. Anhand der folgenden Abbildung möchte ich Ihnen die kreative Bergtour in groben Zügen vorstellen und erste Empfehlungen für das Reisen geben.

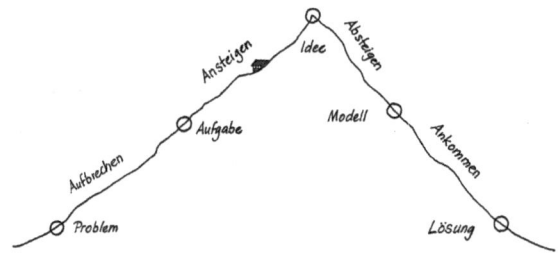

Kreatives Arbeiten sollte gut vorbereitet sein. Hier hilft die Metapher Bergtour. Niemand von uns besteigt einen Berg ohne die passende Ausrüstung, ohne eine gewisse Erfahrung und ohne einen guten Plan für die Route. Für schwierige Bergtouren muss ein Bergsteiger auch gut trainiert sein. Vor Tourenstart empfiehlt sich ein Warm-up wie Musikhören, Meditation, Yoga, Atemübungen, Tagträumen oder Auflockerungsübungen. Warm-ups sind vor allem dann hilfreich, wenn Körper und Geist zusammen angeregt werden. Um immer wieder auf andere Gedanken zu kommen, sollten Warm-ups während der kreativen Bergtour eingesetzt werden.

Wie die Abbildung verdeutlicht, besteht eine kreative Bergtour aus dem Start bzw. dem Problem, den drei

Etappenzielen Aufgabe, Idee und Modell, den vier Etappen Aufbrechen, Ansteigen, Absteigen und Ankommen, sowie dem Ziel bzw. der Lösung. Nachdem das Problem erkannt und fixiert ist, beginnt die kreative Bergtour. Auf der ersten Etappe werden Informationen gesammelt und verdichtet. Somit macht man sich mit dem Problem vertraut. Das erste Etappenziel ist eine auf den Punkt formulierte Aufgabe, welche die Route zum Gipfel bzw. zum zweiten Etappenziel weist. Beim Ansteigen werden die Ideen entwickelt, bis die passende Idee für Problem und Aufgabe gefunden ist. Der Ideengipfel ist endlich erreicht. Mit der dritten Etappe beginnt das Absteigen. Die Gipfelideen werden nun weiter ausgearbeitet, so dass sie sichtbar und begreifbar werden. Das dritte Etappenziel ist ein vorzeigbares Modell, das die Route zum Ziel weist. Auf der letzten Etappe wird das Ideenmodell umfassend auf Alltags- oder Jobtauglichkeit geprüft, bis die Lösung gefunden ist. Das Ziel der kreativen Bergtour ist erreicht. Die Reise ist aber nicht zu Ende, denn die Lösung muss in der Praxis noch umgesetzt werden.

3

Sofort loslegen: Kreative Bergtour mit Bergführer

In diesem Kapitel gehen wir gleich ins praktische Tun, um richtig gute Ideen zu entwickeln. Da wir uns zusammen auf eine kreative Bergtour begeben, viel Zeit miteinander verbringen und aufeinander angewiesen sind, benutze ich wie bei Bergsteigern üblich das Du. Unsere gemeinsame Bergtour kann problemlos für bis zu fünf Personen erweitert werden. Vorab möchte ich einige Hinweise geben.

> Möchtest Du im Team den Berg besteigen, sollte jeder Teilnehmer vor dem Start eine grobe Beschreibung des Problems und der Zielsetzung, gemeinsam richtig gute Ideen zu entwickeln, erhalten.

Kein erfahrener Bergsteiger startet planlos seine Tour. Er überlegt sich am Anfang, welche Route zum Gipfel für ihn am besten geeignet ist. Zwischen Start und Ziel gibt es vier Etappen mit jeweils drei Abschnitten sowie drei zu erreichenden Etappenzielen. Insgesamt umfasst die kreative

© Springer Fachmedien Wiesbaden GmbH, ein Teil von
Springer Nature 2020
S. Sonnenburg, *Routenplaner Kreativität*,
https://doi.org/10.1007/978-3-658-25973-0_3

Bergtour 17 Übungen. Plane mindestens 30 Minuten für jede Übung ein.

Nach meiner Erfahrung solltest Du Dir für die gesamte Bergtour mindestens einen ganzen Tag vornehmen. Um für die einzelnen Abschnitte, Etappenziele und Pausen mehr Zeit zu haben, kannst Du die Tour ohne Weiteres auf zwei Tage ausdehnen. Eine Übernachtung bietet sich vor dem letzten steilen Berganstieg an. Natürlich ist es manchmal notwendig, während des Tourenverlaufes die Route zu korrigieren oder aufgrund widriger Umstände eine längere Pause einzulegen. Während der Bergtour schlage ich Dir mögliche Abkürzungen vor.

Folgendes solltest Du beachten: Ein Bergsteiger setzt den Schritt immer so, dass er sicher steht und eine gute Basis für den nächsten Schritt hat. Wer sich mehr vornimmt, wird beim Wandern Probleme bekommen. Dies ist die entscheidende Erkenntnis für die kreative Bergtour. Mache Dir nicht zu viele Gedanken über die Zukunft. Sei voll und ganz bei dem, was Du gerade machst. Folge mir Schritt für Schritt durch die Übungen. Die Texte und Illustrationen weisen Dir den Weg.

Ich habe die Route so geplant, dass sie Personen mit und ohne Kenntnisse über Kreativitätsübungen gehen können und für möglichst viele Problemstellungen geeignet ist. Berücksichtige bei der Tour auch Deine eigenen Wünsche und Vorlieben sowie Deine Leistungsfähigkeit. Dies trifft gerade auf Pausen und Warm-ups zu.

Vor größeren Bergtouren empfiehlt sich immer eine intensive Vorbereitung, um Unfälle wie stolpern und ausrutschen oder sogar abstürzen im Steilgelände zu vermeiden. Dafür ist die passende Ausrüstung mit guten Wanderschuhen, einem angenehm sitzenden Rucksack und aktuellem Kartenmaterial ein Muss. Für Deine erste kreative Bergtour solltest Du gut gerüstet sein. Du benötigst:

3 Sofort loslegen: Kreative Bergtour mit ... 39

- ein A4 Notizheft oder ausreichend A3 Papier,
- Buntstifte,
- mindestens drei quadratische Blöcke Post-its bzw. Hafties,
- eine Schere,
- Klebstoff,
- eventuell ein Pack Büroklammern.

> Fühlst Du Dich beim Wandern unsicher, informiere Dich ausführlicher über die entsprechende Kreativitätsübung in den Kap. 5 bis 8 oder über die Fixpunkte in Kap. 4.

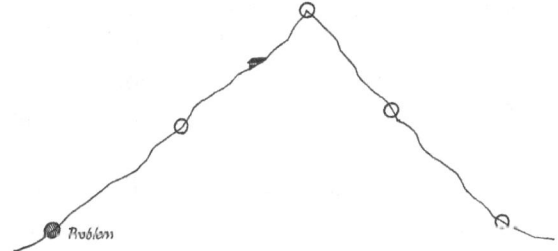

Start der kreativen Bergtour mit dem »Problem«

Zu Beginn ein wichtiger Hinweis: Jeder Gedanke zählt, mag er noch so belanglos erscheinen. Schreibe ihn auf, denn er kann der Auslöser für eine richtig gute Idee sein. Versuche Dich kurz zu fassen nach der Richtlinie: Ein Gedanke muss auf ein Haftie passen. Vielleicht hast Du Gedanken, die nicht zum Etappenabschnitt gehören, oder erste Ideen am Anfang der Bergtour, dann schreibe sie auf und verwende sie im geeigneten Moment während der Tour.

Deine Schritte am Anfang der kreativen Bergtour

- Um Dich mental vorzubereiten, starte mit einem lockeren Warm-up. Schalte ab, indem Du für zehn Minuten Deine Lieblingsmusik hörst oder ein wenig in den Tag träumst. Los geht's.

- Dein Anfang, der Dir die Route zum Gipfel weist, ist das Problem. Schreibe jetzt in wenigen Sätzen spontan auf, was genau das wirkliche Problem ist. Nutze dafür Dein Notizheft oder ein A3 Papier.
- Hinterfrage Dein Problem und nutze den abgebildeten Reflexionsstern. Zeichne ihn in Dein Notizheft oder auf ein Papier. Schreibe anstelle der fünf Fragen Deine Antworten auf. Lasse Dich nicht entmutigen, wenn Dir zu der einen oder anderen Frage nur wenig einfällt. Nimm Dir aber Zeit für das Beantworten der Fragen.
- Wie wäre es mit einem ersten Kreativitätsenergyzer, einer kleinen Übung für zwischendurch, die Dir einen Energieschub gibt? Mit »3-Mal-Warum-Zoom« hinterfragst Du jede Antwort auf dem Reflexionsstern mit Warum. Diese Antworten hinterfragst Du erneut mit Warum. Wiederhole den Vorgang ein drittes Mal. So steigst Du tiefer in das Problem ein. Notiere alle Antworten.
- Formuliere jetzt einen Satz ohne Verschachtelungen, der das Problem auf den Punkt bringt. Ein gut durchdachter Satz ist wie ein Wegweiser für den geplanten Bergaufstieg.
- Schreibe den Problemsatz in die Mitte des Reflexionssterns.

3 Sofort loslegen: Kreative Bergtour mit ...

Bergeinstieg mit »Wissenausbreiten«

Am Anfang einer Bergtour ist es wichtig, sich langsam einzulaufen, um seine Kräfte einzuteilen. Viele Neulinge stürmen los, hetzen sich ab, sind nach kurzer Zeit müde und müssen länger pausieren. Erfahrene Bergsteiger hingegen gehen in einem langsamen Rhythmus und sparen somit Energie für die steilen Etappenabschnitte. So verhält es sich auch bei einer kreativen Bergtour. Du solltest langsam voranschreiten, ausreichend Pausen einlegen und den Weg zum Ziel genießen. Bestimmt hast Du Dir schon vor der Wanderung Gedanken über das Problemfeld gemacht. Halte diese Gedanken auf einer Wissenskarte zum Problem fest. Mit der Kreativitätsübung Wissenausbreiten bekommst Du einen Überblick und gewinnst erste Erkenntnisse.

Schritt für Schritt

- Ein wichtiger Hinweis vorab: Es geht noch nicht um Ideen, sondern um eine weitere lockere gedankliche Annäherung an das Problem.
- Benutze Deinen Notizblock oder ein Papier im Querformat. Die Abbildung weist Dir den Weg. Zeichne jetzt in die Mitte einen Kreis und schreibe Deinen Problemsatz hinein.
- Notiere alle Gedanken bzw. Assoziationen wie Informationen, Daten und Fakten um das Problem herum. Folge dem Muster »setze einen Strich und schreibe maximal drei Wörter auf«.
- Du erweiterst Deine Wissenskarte, indem Du fortwährend neue Gedanken an die aufgeschriebenen hinzufügst. Ist die Seite ungefähr zur Hälfte kartiert, halte für einen Moment inne.

- Wende jetzt einen weiteren Kreativitätsenergyzer an, den »Rollenwechsel«. Versetze Dich in die Rolle eines Entdeckers wie Christoph Kolumbus, Indiana Jones oder Alexander von Humboldt. Du musst die Person aber ein wenig kennen, damit Du Dich in sie hineinversetzen kannst. Nimm Dir dafür einen Augenblick Zeit.
- Setze das Wissenausbreiten fort und schreibe aus Sicht des Entdeckers Deine Gedanken auf. Los geht's.
- Betrachte Deine Wissenskarte zum Problem. Kreise die für Dich entscheidenden Gedanken und Assoziationen, maximal zehn, in einer anderen Farbe ein.

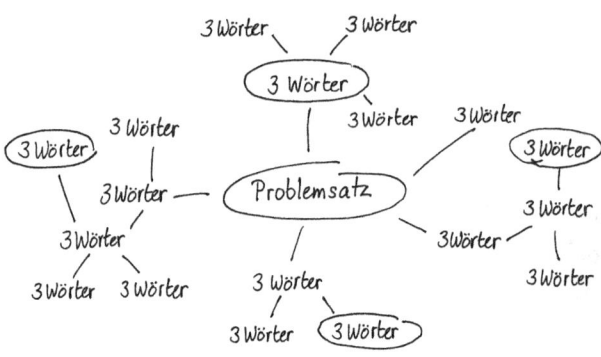

> Hast Du das Gefühl, die Karte ist nicht vollständig oder inspiriert Dich nicht genug, unterbrich die Wanderung für einen Moment und versuche, Dir weitere Informationen zu beschaffen.

3 Sofort loslegen: Kreative Bergtour mit ...

Leichter Berganstieg mit »Gedankenverdichten«
Das gleichmäßige Gehen ist in den Bergen der Schlüssel zum Ankommen. Dafür muss jeder Bergsteiger frühzeitig seinen individuellen Rhythmus finden. Wie beim Wandern hast Du bestimmt schon Deinen Rhythmus gefunden. Strukturiere erneut Deine Gedanken mit der Kreativitätsübung Gedankenverdichten und schaue Dir dafür das Musterbeispiel an.

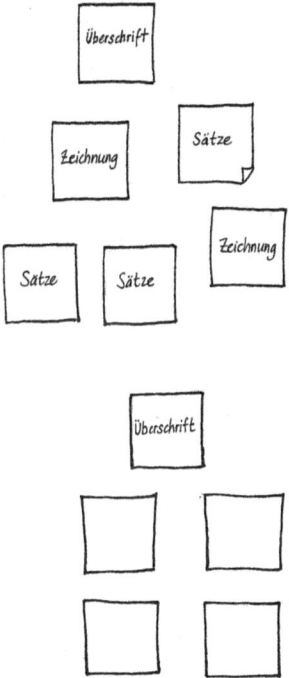

Schritt für Schritt

- Für jeden eingekreisten Gedanken benutze ein Haftie. Arbeite auf den Hafties Deine Gedanken in Sätzen oder Zeichnungen weiter aus. Dabei fällt Dir bestimmt noch mehr ein. Insgesamt solltest Du circa 20 Hafties haben. Los geht's.
- Überprüfe Deine Hafties und finde heraus, ob sie zusammenpassen. Versuche die Hafties zu sortieren und bilde nicht mehr als fünf Cluster.
- Betrachte die Cluster. Was fällt Dir auf? Wie hängen sie zusammen?
- Benutze neue Hafties, um den Clustern inspirierende Überschriften zu geben. Los geht's.
- Markiere mit einem Buntstift drei Überschriften, die Deiner Meinung nach am besten zum Problemsatz im Reflexionsstern passen.
- Hast Du Deinen Tourenrhythmus noch nicht gefunden, setze wiederum den Kreativitätsenergyzer Rollenwechsel ein. Dieses Mal nimmst Du die Perspektive von Extremsportlern ein, wie Reinhold Messner, Jan Frodeno oder Cecilie Skog. Bestimmt fallen Dir richtig gute Überschriften ein.

Rast beim Berganstieg

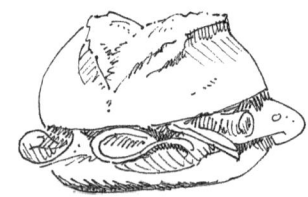

Jetzt hast Du Dir eine längere Pause verdient. Die schönsten Plätze beim Wandern liegen häufig abseits der Route. Wo immer Du gerade bist, finde einen anderen Ort. Hier solltest Du Dich entspannen, auf andere Gedanken kommen und Dich mit einer Kleinigkeit stärken. Überlege während der Rast, ob Du eine Abkürzung nehmen willst oder auf der normalen Route weiter wandern möchtest. Wählst Du die Abkürzung, gehe sofort zum Etappenziel Aufgabe.

Wichtig ist nach einer Rast, sofort in den Wanderrhythmus zu kommen. Hast Du damit Schwierigkeiten, empfehle ich Dir ein Warm-up. Wie wäre es mit Entspannungs- oder Dehnungsübungen? Oder wie wäre es, wenn Du zu Deiner Lieblingsmusik tanzt?

Moderater Berganstieg mit »Impulseaufnehmen«
Beim Wandern kommen uns andere Bergsteiger entgegen, die aktuelle und nützliche Tipps für die weitere Route geben können. So verhält es sich auch bei kreativen Bergtouren. Die Meinung von Dritten kann für die Ideenentwicklung hilfreich sein. Die Kreativitätsübung Impulseaufnehmen sorgt für neue Perspektiven auf das Problem.

Schritt für Schritt

- Kommt Dir spontan jemand in den Sinn, mit dem Du über das Problem sprechen kannst? Ist die Person in der Nähe oder kannst Du mit ihr telefonieren oder skypen? Ich bin mir sicher, Du findest jemanden in Deinem Freundes- oder Kollegenkreis.
- Bevor Du mit jemandem sprichst, solltest Du Dich gut vorbereiten. Es ist wichtig, das Problem und Deine ersten Gedanken zum Problem kurz und überzeugend vorzustellen. Dabei helfen Dir die drei inspirierenden Überschriften auf den Hafties.

- Führe nun das Gespräch. Steige in einen Dialog ein und versuche so eine andere Meinung zu bekommen. Schreibe die Gedanken Deines Gesprächspartners auf. Denke daran: »ein Gedanke, ein Haftie«. Los geht's.
- Versuche die Hafties zu clustern und finde Überschriften.
- Entscheide Dich aus allen Überschriftenhafties der Übungen Gedankenverdichten und Impulseaufnehmen für die Top Drei, mit denen Du weiterwandern möchtest.

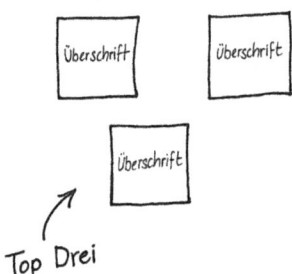

Falls Dein Gesprächspartner keine neuen Gedanken zum Problem geäußert hat, empfehle ich ein weiteres Gespräch.

Erstes Etappenziel »Aufgabe«

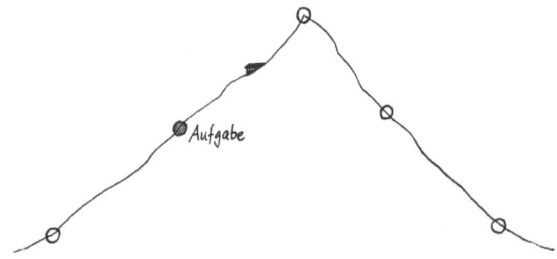

Egal ob Du die Abkürzung gewählt hast oder nicht, die Hälfte des Bergaufstiegs hast Du erreicht. Super. Jetzt ist es Zeit, die Aufgabe zu formulieren und umfassend zu hinterfragen. Bei der Formulierung gehst Du ähnlich vor wie beim Reflexionsstern Problem.

Schritt für Schritt

- Betrachte noch einmal Deine drei richtig guten Überschriftenhafties. Ergänzend bietet es sich an, dass Du einen Blick auf Deine anderen festgehaltenen Gedanken sowie den Problemsatz wirfst.
- Formuliere spontan eine Aufgabe, die mit einem Wie beginnt. Vielleicht inspiriert Dich die folgende Frage: »Wie kann ich wen in welchem Umfeld begeistern?« Los geht's.
- Zeichne den abgebildeten Reflexionsstern in Dein Notizheft oder auf ein Papier. Schreibe anstelle der fünf Fragen Deine Antworten auf. Nimm Dir Zeit.
- Wie wäre es, wenn Du erneut den Kreativitätsenergyzer 3-Mal-Warum-Zoom einsetzt, um tiefer in Deine Antworten einzusteigen. Halte Deine Gedanken fest.
- Beende diese Übung mit dem Verfeinern der gerade eben formulierten offenen Aufgabe. Sei mutig in Deiner Wortwahl. Komme auf den Punkt. Verwende treffende Adjektive und ein motivierendes Verb. Tausche im Zweifel Wörter aus. Los geht's.
- Ein wichtiger Hinweis: Hast Du die richtige Aufgabe gefunden, bist Du hochmotiviert und möchtest sofort mit der Ideenfindung loslegen.
- Schreibe die finalisierte Aufgabe in die Mitte des Reflexionssterns.
- Gönne Dir eine kurze Auszeit.

> Es lohnt sich, Zeit in die Formulierung der Aufgabe zu investieren. Sie muss sich aus dem Problem ergeben, aber muss das Problem nicht völlig abdecken. Der Fokus eröffnet kreative Horizonte.

Steiler Berganstieg mit »Geistesblitzesammeln«

Je steiler der Weg auf der Route wird und an Höhe gewinnt, desto mehr muss ein Bergsteiger auf seine Trittsicherheit achten. Dies erfordert Geschick, Konzentration und Kondition. So verhält es sich auch bei der ersten Ideenfindung auf der kreativen Bergtour. Du brauchst eine gewisse Ausdauer und Flexibilität. Mit der Kreativitätsübung Geistesblitzesammeln solltest Du möglichst viele Ideen finden.

3 Sofort loslegen: Kreative Bergtour mit ...

Schritt für Schritt

- Benutze einen Block mit Hafties nach dem Motto »eine Idee, ein Haftie«.
- Lasse Dir Zeit beim Ideensammeln. Vermeide Selbstkritik. Schreibe alles auf, was Dir in den Sinn kommt. Dies können komische, verrückte oder abwegige Ideen sein. Zur Orientierung: 20 Ideen stehen für ein gutes Ideensammeln, 30 für ein sehr gutes und 50 für ein überragendes. Los geht's.
- Lässt Deine Ausdauer zu früh nach, ist es Zeit für den Kreativitätsenergyzer »Spontane Gedanken«. Schreibe auf zwei separate Hafties die beiden Gedanken auf, die Dir gerade in den Sinn kommen. Betrachte sie nun genauer. Gib Dir ein wenig Zeit, damit der Kreativitätsenergyzer wirken kann.
- Die beiden Gedanken sollen Dich zu neuen Ideen für die Aufgabe anregen, mögen sie noch so absurd klingen.
- Gönne Dir eine kurze Auszeit.
- Nimm den Block zur Hand und hefte die erste Idee auf den Boden, auf einen Tisch oder an eine Wand.
- Du nimmst Dir eine Idee nach der anderen vor und bildest, wie in der Abbildung dargestellt, thematische Cluster. Kommen Dir dabei weitere Ideen, ordne sie den Clustern zu. Los geht's.
- Schaue Dir das Gesamtbild an. Kristallisiert sich in den Clustern schon eine richtig gute Idee heraus? Oder kannst Du mehrere Ideen zu einer richtig guten Idee zusammenfassen? Entscheide Dich letztendlich für maximal fünf Ideen.

> Lasse abwegige Ideen im kreativen Prozess zu. Dem freien Lauf der Fantasie solltest Du keinerlei Zwänge auferlegen. Vermeide die Schere im Kopf.

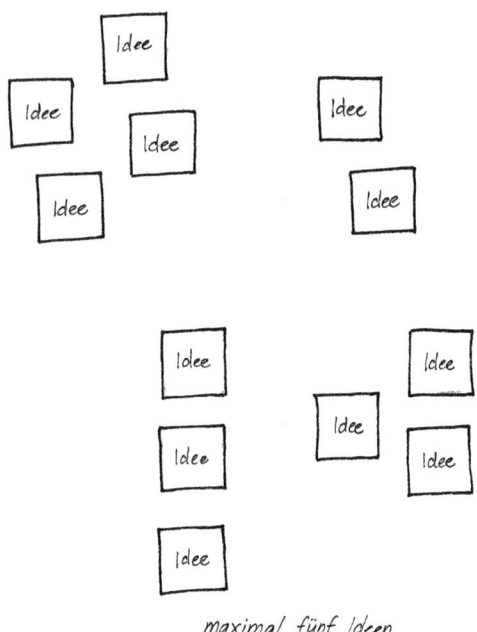

maximal fünf Ideen

Extremer Berganstieg mit »Ingrenzenweiterdenken«
Häufig glaubt man beim steilen Ansteigen auf dem direkten Weg zum Gipfel zu sein, aber der Schein trügt. Noch ist eine längere Wegstrecke zurückzulegen. Dies betrifft auch Dich auf der kreativen Bergtour. Gib Dich nicht zu früh mit den ersten Ideen zufrieden. Die richtig guten Ideen kommen gerade dann, wenn Du das Gefühl hast nicht mehr weiterzukommen.

Schritt für Schritt

- Wähle aus den fünf Ideen die drei aus, welche Dich spontan am meisten ansprechen.
- Mit der Kreativitätsübung Ingrenzenweiterdenken begeben wir uns auf eine weitere Ideensuche. Zeichne das abgebildete Raster. Schreibe in die erste Zeile die drei ausgewählten Ideen. Lasse Dich von ihnen zu drei Ideenvariationen anregen oder kreiere drei neue Ideen, die Du in die zweite Zeile schreibst. Verwende für jede Zeile maximal fünf Minuten. Lege nach der vierten Zeile eine Pause ein. Los geht's.
- Setze jetzt den Kreativitätsenergyzer »Steinschlag« ein. Sei in Deinem Denken und Agieren rebellisch, politisch inkorrekt oder gar böse. Alles ist erlaubt. Versetze Dich in den Tabubruch.
- Fahre mit dem Ingrenzenweiterdenken fort, bis Du insgesamt 21 Ideen entwickelt hast.
- Markiere zehn Ideen, die Dich wirklich überzeugen. Übertrage jede Idee auf ein Haftie.

Idee 1	Idee 2	Idee 3
Idee 10	Idee 11	Idee 12
Idee 19	Idee 20	Idee 21

Rast auf der Berghütte

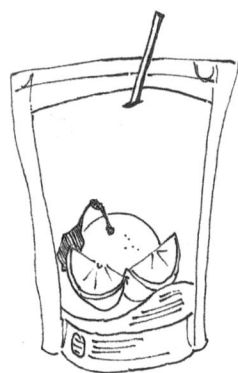

Vor dem Steilanstieg zum Gipfel empfiehlt sich eine längere Rast. Danach muss sich ein Bergsteiger entscheiden, ob er jetzt zum Gipfel aufbricht oder seinen Aufenthalt auf der Berghütte bis zum nächsten Morgen verlängert. Nun solltest Du eine Entscheidung treffen, wie Du Deine Pause gestalten möchtest, um ausgeruht den Gipfel der Ideen zu erklimmen.

Setze vor dem Aufbruch zum Gipfel den Kreativitätsenergyzer »Murmeltiere mit Murmeln« ein. Murmeltiere sind auf Bergtouren nur selten zu sehen. Wir sehen sie deshalb so selten, weil Murmeltiere so gerne mit Murmeln spielen. Warum und wie spielen aber Murmeltiere mit Murmeln? Stelle Dir nun Murmeltiere beim Murmeln vor und kreiere verrückte und absurde Antworten in ganzen Sätzen. Schreibe sie auf.

3 Sofort loslegen: Kreative Bergtour mit ...

Der letzte Anstieg mit »Bilderträumen«

Auf dem letzten Teilstück des Aufstiegs ist der Gipfel fast immer gut sichtbar und rückt näher und näher. Der Bergsteiger sieht sich schon oben stehen, was für einen unglaublichen Motivationsschub sorgt. Den kreativen Motivationsschub für Deine zehn Ideen bekommst Du durch die Kreativitätsübung Bilderträumen.

Schritt für Schritt

- Betrachte Dein Umfeld und mache ein Foto. Hast Du kein Smartphone zur Hand, fixiere eine bestimmte Stelle im Umfeld und mache ein imaginäres Foto.
- Schreibe alle Gedanken zum Foto auf, die Dir einfallen. Gehe vor allem über das Naheliegende hinaus und beginne zu fantasieren. Formuliere ganze Sätze. Sei dabei so erfinderisch und kreativ wie beim Kreativitätsenergyzer Murmeltiere mit Murmeln.
- Einmal kurz Durchatmen und eine kleine Pause einlegen.
- Die Bilderträume dienen Dir jetzt als Inspiration für die weitere Ideenentwicklung. Wende Deine fantastischen Sätze auf die zehn Ideen an und versuche neue Ideen auf Hafties zu kreieren. Ganz sicher dauert es einen Moment, bis Dir neue Ideen einfallen. Lasse Dich von Deinen Sätzen überraschen. Habe Geduld und nimm Dir Zeit. Du schaffst bestimmt zehn weitere Ideen. Los geht's.
- Du hast jetzt einen Pool von 20 Ideen aus den Kreativitätsübungen Ingrenzenweiterdenken und Bilderträumen. Dies ist richtig gut.
- Zur Ideenbewertung kopiere das abgebildete Vierfeldraster. Frage Dich, ob jede Idee sinnvoll und neu ist. Sehr gute Ideen klebst Du in das Feld ++, neutrale Ideen in das Feld 0, nur sinnvolle oder nur reizvolle Ideen in die Felder mit einem +.
- Ein wichtiger Hinweis: Nicht mehr als fünf Ideen sollten im Feld ++ liegen.

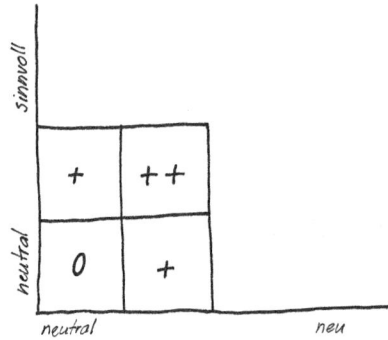

Zweites Etappenziel »Idee«

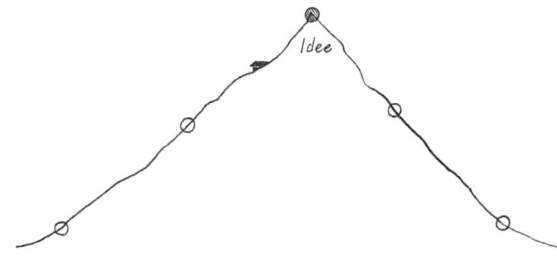

Endlich hast Du den Gipfel erreicht. Du kannst stolz auf Deine bisherige Leistung sein, da Du fünf richtig gute Ideen entwickelt hast. Jedoch stehst Du vor einer schwierigen Entscheidung: Nicht alle Ideen können Dich auf dem Abstieg begleiten. Du musst Dich für zwei Ideen entscheiden.

Schritt für Schritt

- Benutze für die Entscheidungsfindung den abgebildeten Reflexionsstern und zeichne ihn in Dein Notizheft oder auf ein Papier.
- Platziere die fünf Ideenhafties in die Mitte des Sterns. Gehe die Fragen der Reihe nach durch und entscheide Dich bei jeder Frage für die drei besten Ideen.
- Die zwei Ideen, die bei den fünf Fragen am häufigsten genannt wurden, sind Deine Gipfelideen.

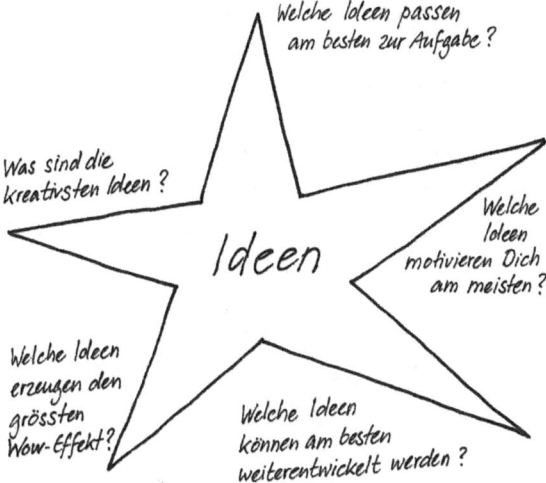

Behalte die aussortierten Ideen im Kopf. Es kann sinnvoll sein, sie zu einem späteren Zeitpunkt aufzugreifen.

Rast auf dem Gipfel

Für jeden Bergsteiger ist die Rast auf dem Gipfel ein besonderer und persönlicher Moment der Freude, es nach oben geschafft zu haben. Auf dem höchsten Punkt Deiner kreativen Bergtour hast auch Du Dir einen solchen Moment verdient. Freue Dich, dass Du bis jetzt so erfolgreich warst. Du hast Dir eine Belohnung verdient. Am Ende der Rast auf dem Gipfel solltest Du Dir bewusst sein, dass die Hälfte des Weges noch vor Dir liegt. Denn Deine Ideen müssen ausgearbeitet werden.

Beginn des Bergabstieges mit »Rahmensprengen«

Unerfahrene Wanderer unterschätzen häufig den Abstieg, da sie glauben, die größten Herausforderungen schon gemeistert zu haben. Der Abstieg verlangt ebenso viel Kondition und Konzentration wie der Aufstieg. Ein Bergsteiger muss erst wieder in Tritt kommen und Stolpersteinen aus dem Weg gehen. Die vor ihm liegende Route sollte er stets im Blick haben. Eventuell hast auch Du Anlaufschwierigkeiten bei der weiteren Ausarbeitung Deiner Gipfelideen. Ich empfehle Dir erneut ein Warm-up zum Energietanken. Wie wäre es, wenn Du barfuß für ein paar Minuten locker auf der Stelle hüpfst? Danach steigst Du mit der Kreativitätsübung Rahmensprengen tiefer in Deine beiden Gipfelideen ein.

Schritt für Schritt

- Zerlege die Ideen in wichtige Elemente und entwickle für jedes Element Variationen. Das abgebildete Gitter stellt ein Beispiel dar.
- Zeichne für jede Idee ein Gitter. Nutze die linke Spalte für wesentliche Elemente und schreibe alle Variationen auf, die Dir einfallen. Los geht's.
- Arbeite Deine beiden Ideen weiter aus. Du kannst beliebig Variationen miteinander kombinieren. Lasse Dich von allen Elementen und Variationen des Gitters anregen. Die Ergebnisse nenne ich »Ideenkonzepte«. Kreiere für jede Deiner beiden Gipfelideen drei Ideenkonzepte.
- Beschreibe jedes Ideenkonzept in ein paar Sätzen.
- Setze jetzt den Kreativitätsenergyzer »Reduce-to-the-Max« ein. Schaue zu jeder Gipfelidee Deine drei Ideenkonzepte an und versuche, sie zu einem Ideenkonzept zusammenzufügen. Achte darauf, dass Du dieses Ideenkonzept auf das wirklich Wesentliche reduzierst. Los geht's.

3 Sofort loslegen: Kreative Bergtour mit ...

- Mit den beiden zusammengefügten Ideenkonzepten steigst Du weiter ab. Überlege Dir, ob Du auf der normalen Route weiter wandern möchtest. Dann gehe sofort zum steilen Bergabstieg mit Sinnbasteln.

Idee: Rucksack Reloaded

Element 1	Variation 1	Variation 2	Variation 3	Variation 4
Material	Abfallstoffe	Leichtmetall	Polyamid	Segeltuch
Ausstattung	abnehmbare Riemen	Leuchtstreifen	Tasche in Tasche	
Farbe	rehbraun	enzianblau	tannengrün	farblos
Anlass	Dinnerparty	Hüttentour	Paristrip	

Ideenkonzept 1

Unterbrechen des Bergabstieges mit »Abstechermachen«
Bergsteiger verhalten sich beim Wandern unterschiedlich. Die einen halten sich strikt an ihre Route und haben das Ziel immer vor Augen. Die anderen werden von der Schönheit der Natur dazu angeregt, von der geplanten Route einmal abzuweichen. Auch bei kreativen Bergtouren bieten sich Unterbrechungen an, die für neue Sichtweisen hilfreich sein können. Mit der Kreativitätsübung Abstechermachen setzt Du Dich intensiver mit den beiden Ideenkonzepten auseinander.

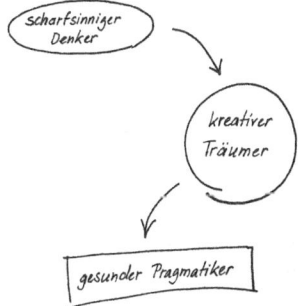

Schritt für Schritt

- Beim ersten Abstecher betrachtest Du die Ideenkonzepte analytisch. Versuche, die Sichtweise eines scharfsinnigen Denkers einzunehmen und finde heraus, was den Ideenkonzepten als Problemlösungen noch fehlt.
- Beim zweiten Abstecher näherst Du Dich den Ideenkonzepten visionär. Versuche, die Sichtweise eines kreativen Träumers einzunehmen und überlege Dir, wie Du die Ideenkonzepte zukunftsweisender gestalten kannst.
- Beim dritten Abstecher setzt Du Dich realistisch mit den Ideenkonzepten auseinander. Versuche, die Sichtweise eines gesunden Pragmatikers einzunehmen und bringe die Gedanken des Denkers und Träumers zusammen. Arbeite Deine beiden Ideenkonzepte weiter aus. Los geht's.

Rast beim Bergabstieg

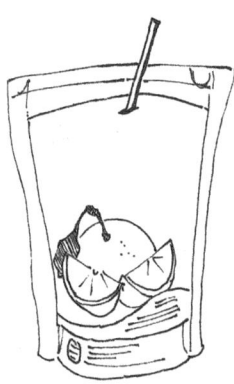

Jetzt hast Du Dir endlich eine längere Pause verdient. Wo immer Du gerade bist, suche Dir dafür einen geeigneten Platz. Hier solltest Du Dich entspannen und auf andere Gedanken kommen. Wie wäre es mit Musikhören, Meditation, Yoga, Atemübungen, Tagträumen oder Auflockerungsübungen?

3 Sofort loslegen: Kreative Bergtour mit ...

Fast senkrechter Bergabstieg mit »Sinnbasteln«
Beim Aufstieg und beim Abstieg müssen Bergsteiger steile Passagen überwinden, die sie vor besonders große Herausforderungen stellen. Dies trifft auch auf kreative Bergtouren zu. Jetzt musst Du eine harte Entscheidung treffen, mit welchem Ideenkonzept Du weiter absteigen möchtest. Fällt es Dir schwer, Dich zu entscheiden, versuche beide Ideenkonzepte zu verschmelzen. Mit der Kreativitätsübung Sinnbasteln solltest Du ein Modell entwickeln, das einen überzeugenden Eindruck von der Idee vermittelt.

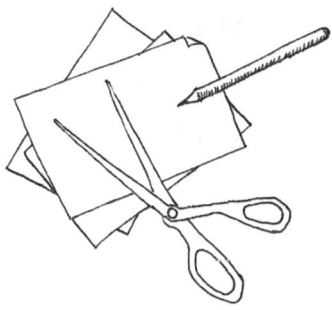

Schritt für Schritt

- Besorge für das Sinnbasteln zusätzlich zum Inhalt Deines Rucksackes (Schere, Klebstoff, Buntstifte, Büroklammern, Papier und Hafties) weiteres Material. Beim Basteln kann Dich noch unterstützen: Zeitungen, Magazine, Toilettenpapier, Nähgarn, im Grunde alles, was Du drinnen und draußen findest.
- Aus dem gesammelten Material solltest Du ein Modell basteln, das Dein Ideenkonzept visualisiert. Ich benutze bewusst das Wort Sinnbasteln, da es beim Modell nicht auf Perfektion ankommt. Das Modell sollte aber so konkret werden, dass Du in der Lage bist, es für einen Usertest zu verwenden.

- Denke an Kinder, die häufig ganz einfache Modelle basteln, die sie mit unglaublichen Geschichten ausschmücken.
- Sei inspiriert und frei im Basteln. Los geht's.
- Finde jetzt für den Usertest einen geeigneten Gesprächspartner. Stelle das Modell überzeugend vor. Vergiss nicht das Problem und die Aufgabe zu erwähnen.
- Verwickle Deinen Gesprächspartner in einen Dialog: Was gefällt ihm am Modell? Wo sieht er Schwierigkeiten? Was findet er verbesserungswürdig? Los geht's.
- Nach dem Usertest verfeinere das Modell.

Drittes Etappenziel »Modell«

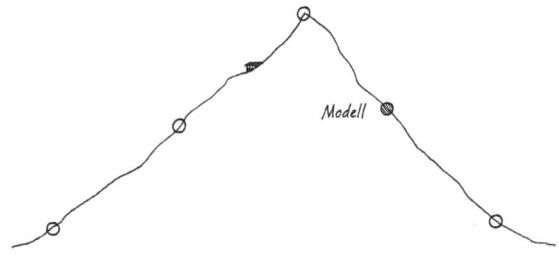

Mit der Entwicklung des Modells hast Du ein großes Stück der kreativen Bergtour zurückgelegt. Super. Für eine tiefergehende Bewertung schaue Dir noch einmal genau das Modell an und benutze dafür den abgebildeten Reflexionsstern.

Schritt für Schritt

- Zeichne den Reflexionsstern in Dein Notizheft oder auf ein Papier.
- Versetze Dich in einen Werbetexter oder Klatschreporter und kreiere eine aussagekräftige Headline für Dein Mo-

dell. Nimm Dir ein wenig Zeit. Schreibe die Headline in die Mitte des Sterns.
- Beantworte nun die Fragen der Reihe nach. Überlege bei jeder Frage, mit wie viel Prozent Du ungefähr zustimmst. Falls Du bei jeder Frage mit mindestens 80 % zustimmst, hast Du die Idee zu einem vorzeigbaren Modell entwickelt. Bei Zustimmung unter 80 % solltest Du das Modell ein weiteres Mal überprüfen und eventuell ausbessern. Dabei helfen Dir bestimmt Gedanken aus den bisherigen Übungen.

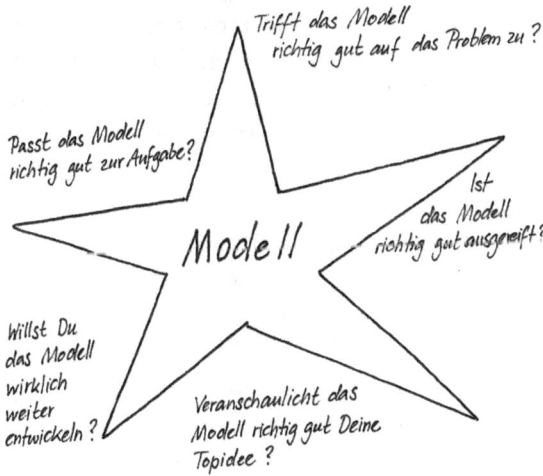

Letzte Rast vor der Zielankunft

Du näherst Dich mit großen Schritten dem Ende Deiner kreativen Bergtour. Gönne Dir noch einmal eine Pause. Du musst Dir klar werden, ob das Ideenmodell im Alltag oder Job zur Anwendung kommen kann. Auf den folgenden Etappenabschnitten wird dafür die Umsetzung vorbereitet.

Nach dieser Pause ist keine weitere Rast vorgesehen. Plane deshalb genügend Zeit für die Umsetzungsvorbereitung ein. Bevor Du weiterwanderst, empfehle ich Dir zum Energietanken das Warm-up »Aussagenverknüpfen«. Wo immer Du bist, suche Dir mindestens drei Objekte aus, die Du mit Aussagesätzen verknüpfst wie »diese Decke ist bunt gemustert« oder »dieses Fahrrad hat einen Platten«. Beim zweiten Durchgang versuchst Du die vorher getroffenen Aussagen in eine kurze Geschichte einzubinden. Halte sie in Worten und Bildern fest. Los geht's.

Moderater Bergabstieg mit »Imkopfzurechtlegen«
Bei Bergtouren darf man die letzten Etappenabschnitte nicht unterschätzen. Die Beine werden immer schwerer, so dass untrainierte Wanderer leicht außer Tritt kommen. Kleine Hindernisse wie Wurzeln oder Steine können sogar zu Stürzen führen. Für die kreative Bergtour bedeutet dies, dass Du Dein Ideenmodell fokussiert betrachten solltest, um mögliche Hindernisse bei der Umsetzung frühzeitig aus dem Weg zu räumen. Die Kreativitätsübung Imkopfzurechtlegen hinterfragt das Ideenmodell mit Hilfe von skizzenhaften Bildern. Dafür unterteilst Du das Modell in sinnvolle Einzelbilder, die wichtige Merkmale für die Umsetzung visualisieren sollen.

Schritt für Schritt

- Benutze als Inspiration für Deine Bilder die kreierte Headline des letzten Reflexionssterns.
- Lasse Dich vom Material aus der Kreativitätsübung Sinnbasteln zu einfachen Zeichnungen und Collagen anregen.

- Skizziere nun ein Bild für das Problem, ein Bild für die Person, die das Problem hat, ein Bild für die Idee mit ihrem entscheidenden Vorteil und ein Bild für eine Ideenalternative aus den letzten Übungen. Los geht's.
- Bringe die einzelnen Bilder in einen logischen Zusammenhang und arbeite die Kernaussagen zu den Bildern heraus.
- Finde abschließend eine prägnante Beschreibung Deiner Bilder und Kernaussagen in zwei einfachen Sätzen. Die Abbildung weist Dir den Weg.

Für _____ (Person oder Personen),

die _____ (Aussage zum Problem),

ist _____ (Beschreibung der Idee)

die Lösung.

Anders als _____

(Beschreibung der Ideenalternative)

bietet diese Lösung _____

(Aussage zum entscheidenden Vorteil).

Hügeliger Bergabstieg mit »Begeisterungwecken«
Der Bergsteiger nähert sich mit großen Schritten dem Ende seiner Wandertour. Da die Route nun leichter wird, muss er sich nicht mehr so sehr beim Gehen konzentrieren. Er kann nun über das Erlebte noch einmal nachdenken. Was waren die größten Herausforderungen und die schönsten Momente? Es sind gerade diese Erlebnisse, die der Bergsteiger mit nach Hause nimmt und über die er anderen Personen berichtet. Du solltest auch während der kreativen Bergtour überlegen, wie Du die Lösung anderen überzeugend und

prägnant darlegen kannst. Egal ob Du Dich mit einem Berufs- oder Alltagsproblem beschäftigst und wie immer Deine Lösung aussieht, die meisten Lösungen benötigen für die Umsetzung die Hilfe von anderen Personen. Die Kreativitätsübung Begeisterungwecken hilft Dir, in wenigen Sätzen eine gelungene Geschichte über Deine Lösung zu kreieren.

Schritt für Schritt

- Eine gelungene Geschichte ist ein wirkungsvolles Instrument, um das Problem mit seiner Lösung zu beschreiben. Sie verbindet bewusst Realität und Fiktion, ist kurz und anschaulich, bindet den Zuhörer ein, baut Spannung auf und beinhaltet eine Botschaft zur Veränderung.
- Eine gelungene Geschichte erzählt über einen Protagonisten, der Hindernisse überwinden muss, um ein wichtiges Ziel zu erreichen.
- Betrachte Dir zuerst aus der letzten Kreativitätsübung die Bilder, Kernaussagen und vor allem die prägnante Beschreibung Deiner Lösung. Wirf zusätzlich einen Blick auf die Abbildung.
- Kreiere nun eine Geschichte, die aus wenigen Sätzen besteht, und versuche, die Elemente einer gelungenen Geschichte zu berücksichtigen. Los geht's.
- Bestimmt kannst Du mehr Spannung und Dynamik in die Geschichte bringen. Dafür bietet sich der Kreativitätsenergyzer »Dankesreden« an. Überzeugende Dankesreden begeistern. Sie sind entweder emotional, bewegend, erheiternd, lässig oder nachdenklich. Stelle Dir vor, Du hast einen Preis für Deine Lösung bekommen und musst Dich bedanken. Überarbeite nun Deine Geschichte aus der Sicht einer Dankesrede.
- Jetzt ist der Moment gekommen, wo Du für Deine Lösung Begeisterung wecken solltest. Versuche, Deine Ge-

schichte zwei oder drei Personen zu erzählen. Lies auch den folgenden Tipp. Los geht's.
- Wie kommt die Geschichte an? Was kannst Du verbessern? Halte Wichtiges fest.

> Mache Probeaufnahmen, wie Du Deinem Publikum die Geschichte mit Begeisterung erzählen möchtest. Dies hilft Dir bei den späteren Präsentationen.

Flacher Bergabstieg mit »Insvisiernehmen«

Die Route einer Wandertour ist häufig am Startpunkt zu Ende. Der Bergsteiger verabschiedet sich gedanklich von der Tour und richtet seinen Blick wieder nach vorne. Der Alltag rückt näher. Für die kreative Bergtour bedeutet dies, dass Du Dir mit der Kreativitätsübung Insvisiernehmen erste Gedanken über die Zukunft der Lösung machen solltest.

Schritt für Schritt

- Überlege Dir spontan, was für die Umsetzung der Lösung wirklich wichtig und entscheidend ist. Was ist zu beachten? Was ist zu tun? Schreibe alles auf Hafties, was Dir zur Umsetzung spontan einfällt. Los geht's.

- Jetzt ist es Zeit für den Kreativitätsenergyzer »Kristallkugel«. Schaue wagemutig in die Zukunft Deiner Lösung.
- Stelle Dir nun folgende Frage: Wie konnte die Lösung für das Problem so erfolgreich werden? Schreibe auf Hafties alle Aktivitäten, die zum Erfolg geführt haben. Nimm Dir einen Moment Zeit, um Dich mit dem Blick in die Kristallkugel vertraut zu machen.
- Benutze das abgebildete Prioritätenkreuz und klebe Deine Hafties in die zutreffenden Felder nach den Leitfragen: Was ist sofort zu erledigen? Was ist wichtig für die Umsetzung?
- Achte darauf, dass Du wirklich eine Priorisierung vornimmst.
- Betrachte jetzt die Hafties im »wichtig-sofort Feld«. Überlege dir, was Du machen musst, damit diese Aktivitäten durchgeführt werden können. Los geht's.

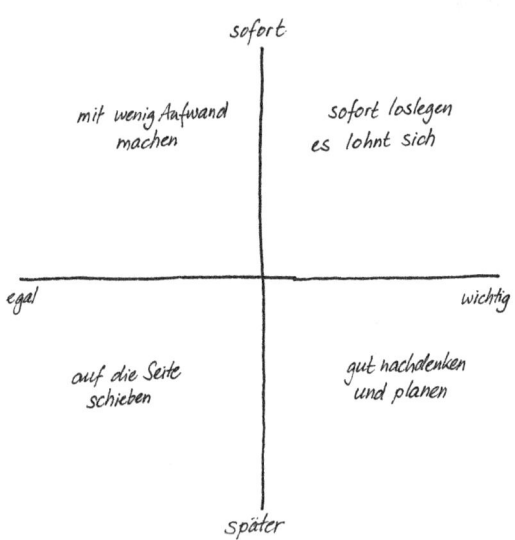

Ziel der Bergtour mit der »Lösung«

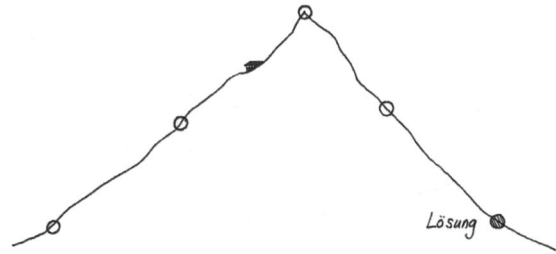

Du hast es geschafft. Du hast das Ende der kreativen Bergtour erreicht. Du kannst Dich über Deine Leistung freuen, eine richtig gute Lösung für das Ausgangsproblem entwickelt zu haben. Gratulation. Aber ein kleiner entscheidender Schritt ist noch zu tun.

Schritt für Schritt

- Betrachte mit Hilfe des folgenden Reflexionssterns Deine Lösung. Schreibe in die Mitte des Sterns die wichtigsten Stichworte zur Lösung aus der Kreativitätsübung Begeisterungwecken.
- Beantworte nun die Fragen der Reihe nach. Überlege bei jeder Frage, mit wie viel Prozent Du ungefähr zustimmst. Stimmst Du bei jeder Frage mit mindestens 80 % zu, hast Du eine richtig gute Ideenlösung für Dein Problem entwickelt. Dann geht es jetzt mit dem Wegweiser für die Ideenumsetzung weiter. Bei Zustimmung unter 80 % solltest Du überprüfen, ob Du die Lösung schon in die Umsetzung überführen möchtest oder ob Du ein weiteres Mal eine Etappe der kreativen Bergtour zurücklegst.

Wegweiser für die Ideenumsetzung

Ich bin mir sicher, dass Du im Verlauf der kreativen Bergtour richtig gute Ideen entwickelt hast. Dies ist eine großartige Leistung, gerade wenn man bedenkt, dass Du nur einen oder zwei Tage in das Lösen des Problems investiert hast. Für die Ideenumsetzung kann Dir als Anregung und Inspiration die abgebildete »Lösungslandschaftskarte« in Anlehnung an das Business Model Canvas von Osterwalder und Pigneur (2011) behilflich sein.

Handelt es sich bei der kreativen Bergtour nicht um private Problemlösungen, benötigen alle Ideen ein funktionierendes Geschäftsmodell, so dass sie langfristig in der Praxis bestehen können. Die Lösungslandschaftskarte unterstützt Dich, entscheidende Aspekte eines erfolgreichen Geschäftsmodells tiefer zu beleuchten. Bietet sich die Lösung im Anschluss an das Erstellen der Lösungslandschaftskarte nicht für eine Umsetzung an, unternimm eine weitere kreative Bergtour. Um Deine neue Kreativroute zu planen, empfehle ich Dir die Kreativitätsübungen mit ihren Variationen in den Kap. 5 bis 8. Oder lasse Dich von den Routenplänen für alternative kreative Bergtouren in Kap. 9 anregen.

Lösungslandschaftskarte				
Kosten	Aktivitäten	Versprechen	Partner	Einnahmen
	Ressourcen		Kunden	
Einsichten und Erkenntnisse				

Schritt für Schritt

- Nutze am besten Hafties, die Du auf eine Kopie der Lösungslandschaftskarte klebst. Somit kannst Du laufend Veränderungen an der Lösungslandschaftskarte vornehmen.
- Gehe die folgenden Fragen der Reihe nach durch. Los geht's.
- Was ist das zentrale Versprechen der Lösung? Welchen Mehrwert liefert die Lösung?
- Welches sind die entscheidenden Kundensegmente und welche Bedürfnisse haben sie?
- Wo liegen die Einnahmequellen? Wie teuer darf die Lösung angeboten werden?
- Welche Partner sind für die Umsetzung notwendig oder hilfreich? Wen musst Du für die Umsetzung begeistern?

- Welche physischen, intellektuellen, menschlichen und finanziellen Ressourcen benötigst Du?
- Welches sind die entscheidenden Aktivitäten? Wer übernimmt welche Aktivitäten in der Lösungsumsetzung?
- Wie sieht die Kostenstruktur aus, bevor erste Umsätze generiert werden?
- Was sind weitere Einsichten und Erkenntnisse, wenn Du die Aspekte der Lösungslandschaftskarte im Zusammenhang siehst?
- Frage Dich nach einem ersten Durchlauf, ob Deine Gedanken zur Umsetzung sinnvoll sind. Falls nicht, verändere die Lösungslandschaftskarte, bis sie stimmig und nachhaltig ist.
- Jetzt kannst Du in die Ideenumsetzung einsteigen.

> Hast Du allein die kreative Bergtour unternommen, überlege Dir, ob Du für das Ausfüllen der Lösungslandschaftskarte mit einem Sparringspartner arbeiten möchtest.

Teil II

Tiefes Eintauchen für richtig gute Ideen

4

Fixpunkte auf der kreativen Bergtour

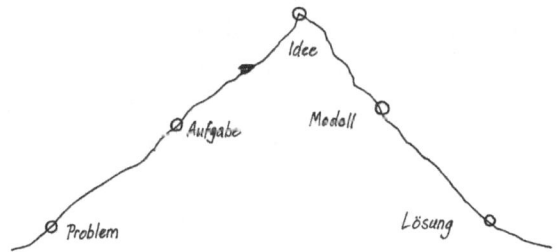

Die kreative Bergtour besteht aus fünf Fixpunkten: Problem, Aufgabe, Idee, Modell und Lösung. Auf den folgenden Seiten möchte ich sie genauer vorstellen. Was zeichnet die Fixpunkte aus? Wie setzen Sie sich mit ihnen auseinander? In den meisten Kreativitätsbüchern werden Problem, Aufgabe, Idee, Modell und Lösung viel zu wenig thematisiert und reflektiert. Außerdem werden sie meiner Meinung nach nicht eindeutig voneinander abgegrenzt und sorgen somit für Verwirrung wie:

- Es wird nicht zwischen Problem und Aufgabe unterschieden. Häufig werden beide sogar als Synonyme verwendet.
- Alle sprechen über Ideen, aber nur wenige erklären, was eine Idee ist.
- Es wird kein Unterschied zwischen den einzelnen Stufen der Konkretheit einer Idee gemacht.

Obwohl Problem und Aufgabe sehr eng zusammenhängen, sind sie auf kreativen Bergtouren grundsätzlich zu unterscheiden. Das Problem steht am Anfang und ist der Startpunkt der Route. Zumeist ist das Problem eine vage Vorstellung, die sich auf der kreativen Bergtour in der Aufgabe verdichtet. Letztendlich weist die Aufgabe die Richtung für die Ideenentwicklung.

Die Bezeichnung Idee ist schillernd. Ich möchte sie in drei verschiedene Stufen der Konkretisierung einteilen: Rohidee bzw. Gipfelidee sowie Ideenmodell und Ideenlösung. In Kurzform: Idee, Modell und Lösung. Die Formulierung jedes Fixpunktes ergibt sich aus dem Verlauf der kreativen Bergtour. Immer wieder sollen Sie motiviert werden, Folgendes zu reflektieren:

- Wie erstrebenswert ist ein Fixpunkt?
- Wandern Sie auf einem guten Weg?
- Haben Sie nichts Entscheidendes auf der Tour übersehen?
- Bietet sich eventuell ein erfolgsversprechender Nebenweg an?

Das Problem ist der Auslöser für die Tour

Bevor Sie mit einer kreativen Bergtour starten, sollten Sie gut überlegen, was das wirkliche Problem ist. Nicht jede Herausforderung oder Schwierigkeit ist zugleich ein

4 Fixpunkte auf der kreativen Bergtour

Problem, für das eine kreative Lösung entwickelt werden muss. Ein erstes Indiz dafür ist das Bauchgefühl:

- Fühlen Sie sich unwohl, betroffen oder berührt?
- Kribbelt es in Ihnen oder sind Sie nervös?
- Spüren Sie einen Drang aktiv zu werden?
- Regen Sie sich total auf und können Ihre Emotionen kaum zügeln?
- Sehen Sie sich herausgefordert?
- Verursacht der Gedanke an das Problem innere oder äußere Schmerzen?

Trifft die eine oder andere Frage zu, stehen Sie vor einem wirklichen Problem, für das es sich lohnt, die kreative Bergtour zu starten. Ein wirkliches Problem öffnet Horizonte für Entdecken und Experimentieren, aber auch für Versuchen und Irren. Bevor Sie ohne Plan loswandern, machen Sie sich erst einmal kundig, ob es für das Problem bereits eine richtig gute Idee oder sogar eine Lösung gibt. Häufig ist eine Idee schon entwickelt, die nur noch angepasst werden muss.

Haben Sie nicht genügend Informationen zum Problem gesammelt, sollten Sie sich zu Beginn der Tour intensiv darum bemühen. Dies hilft Ihnen, das Problem so zu fassen, dass Sie mit der kreativen Bergtour richtig loslegen können. Folgende Fragen können Ihnen dabei helfen:

- Reichen die vorhandenen Informationen und Erfahrungen aus?
- Ist es sinnvoll, sich mit Experten über das Problem auszutauschen?
- Benötigen Sie Unterstützung von anderen bzw. können Sie das Problem ausschließlich im Team lösen?
- Welche Herausforderungen beinhaltet das Problem?

Denken Sie daran, wichtige Erkenntnisse in einem Notizheft aufzuschreiben. Oder besser: Benutzen Sie für das Sammeln Ihrer Gedanken einen geeigneten Raum und »überlassen Sie sich voll und ganz dem Problem«. Für das Festhalten Ihrer Gedanken im Raum eignen sich Hafties besonders gut. Das Problem sollten Sie mindestens einmal gründlich hinterfragen. Dafür bietet sich der abgebildete Reflexionsstern an.

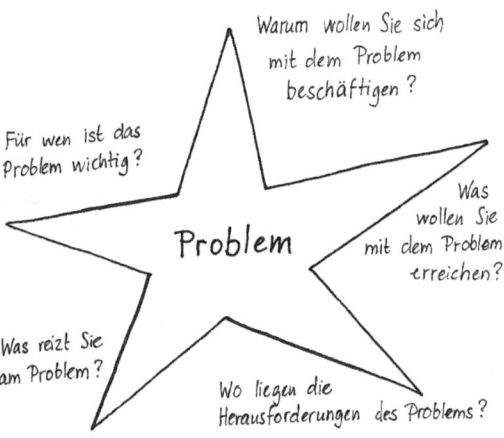

Dieser Reflexionsstern besteht aus 5 zentralen Fragen, die Sie ehrlich und umfassend beantworten sollten. Dabei werden Ihnen die bisherigen Notizen bestimmt hilfreich sein. Kopieren Sie den Stern auf ein A3 Papier. Somit haben Sie genügend Platz für die Antworten. Gerade die Frage »Was reizt Sie am Problem?« ist entscheidend. Dahinter verbirgt sich Ihre Motivation, sich mit dem Problem zu beschäftigen. Ohne ausreichende Motivation wird es sehr schwer, richtig gute Ideen zu entwickeln.

Beachten Sie: Bei der Reflexion geht es nicht um Perfektion, sondern um ein gutes Gefühl. Es ist völlig in Ordnung, wenn Ihnen zu der einen oder anderen Frage wenig einfällt. Nehmen Sie sich für das Beantworten der Fragen genügend Zeit. Die Auseinandersetzung mit dem Reflexionsstern Problem sollte in der Formulierung eines klaren Problemsatzes münden, den Sie in die Mitte des Sterns schreiben. Versuchen Sie, einen einfachen Satz zu bilden. Bringen Sie das Problem auf den Punkt. Je klarer Sie den Satz formulieren, desto leichter fällt Ihnen der Anstieg am Berg.

Die Aufgabe weist den Weg zur Idee

Es lohnt sich, viel Zeit in die Aufgabe zu investieren. Denn ohne die Festlegung eines Suchfeldes oder eines ungefähren Zielkorridors haben Sie nur eine diffuse Vorstellung für das Entwickeln von Ideen. Die Aufgabe muss sich aus dem Problem ergeben, muss aber nicht das ganze Problem abdecken. Sie sollte die Ideenfindung gleichzeitig fokussieren und öffnen. Für eine inspirierend formulierte Aufgabenstellung ist die richtige Balance zwischen Fokussierung und Öffnung in der Wortwahl eine große Herausforderung.

Basierend auf den gewonnenen Erkenntnissen der ersten Etappe sollten Sie zuerst spontan eine Aufgabe formulieren. Entscheidend ist, dass die Aufgabe mit einem »Wie kann ich …?« beginnt. Vielleicht inspiriert Sie die folgende Frage: »Wie kann ich bzw. wie können wir wen in welchem Umfeld begeistern?« Das W-Wort »Wie« am Anfang der Aufgabe zwingt und motiviert in Ideen zu denken. Reflektieren Sie die formulierte Aufgabe anhand der Fragen des abgebildeten Reflexionssterns.

Um eine richtig gute Aufgabe zu formulieren, kommt es auf das kleinste Detail an. Überlegen Sie genau, für wen Sie die Ideen entwickeln wollen. Reichern Sie die Aufgabe mit anregenden Verben und Adjektiven an. Benutzen Sie Synonyme. Seien Sie mutig in der Wortwahl. Achten Sie darauf, dass die Aufgabe noch verständlich ist und nicht mit Nebensätzen oder Verschachtelungen unscharf oder überfrachtet wird.

Aber wie können Sie sicher sein, dass die Aufgabe für eine kreative Bergtour geeignet ist? Wie beim Fixpunkt Problem werden Sie es fühlen. Eine richtig gute Aufgabe begeistert Sie so stark, dass Sie sofort mit der Ideenfindung loslegen wollen. Der Flow kommt fast von selbst. Nutzen Sie abschließend die Mitte des Reflexionssternes, um Ihre Aufgabe zu fixieren.

Die Idee ist der kreative Funke zur Halbzeit

Alles beginnt mit Ideen. Alles beginnt mit richtig guten Ideen. Sie können die Welt verändern. Dabei geht es nicht immer um große, sondern gerade auch um kleine Ideen, die

4 Fixpunkte auf der kreativen Bergtour 79

Eingefahrenes wieder in Bewegung setzen können. Ideen sind der Motor für Veränderung im Alltag und Job. Aber was ist überhaupt eine Idee? Und was charakterisiert eine richtig gute Idee, egal ob groß oder klein?

Ideen sind zumeist abstrakt, unkonkret und nicht gut greifbar. Sie sind wie Rohdiamanten, die geschliffen werden müssen. Da Ideen noch nicht ausgereift sind, haben sie etwas Verletzliches und Angreifbares. Deshalb sollten Sie mit Ideen behutsam umgehen. Verwerfen Sie nicht zu schnell Ihre Ideen.

Ich möchte Ihnen ein paar grundlegende Eigenschaften von Ideen vorstellen. In Anlehnung an den Art Directors Club, dem Berufsverband führender Persönlichkeiten aus der Kommunikationsbranche, zeichnet sich eine richtig gute Idee aus durch:

- Originalität: Ist die Idee neu und originär? Durchbricht sie Normen?
- Klarheit: Ist die Idee leicht erfassbar? Werden ihre Inhalte sofort begriffen?
- Überzeugungskraft: Ist die Idee eine glaubwürdige Antwort? Gibt es gute Argumente für sie?
- Machart: Ist die Idee auch in den Einzelheiten stimmig? Ist sie ein homogenes Ganzes?
- Hingabe: Macht es Spaß, über die Idee zu sprechen? Macht es Freude, die Idee zu sehen, zu hören, zu riechen, zu schmecken oder anzufassen?

Die Hingabe ist vielleicht die wichtigste Eigenschaft. Richtig gute Ideen haben eine ungeheure emotionale Wirkung auf uns. Sie spüren sie am ganzen Körper. Zündende Ideen erzeugen Gänsehaut, Kribbeln oder Glücksgefühl. Dies sind alles Anzeichen, dass Sie eine richtig gute Idee gefunden haben.

Der abgebildete Reflexionsstern Idee unterstützt Sie beim Hinterfragen des kreativen Potenzials der gefundenen

Ideen. Entscheiden Sie bei jeder Frage, was die besten Ideen sind. Lassen Sie sich von den Olympischen Spielen inspirieren. Welche Ideen sind pro Frage Gold, Silber oder Bronze? Und welche Idee liegt beim Medaillenspiegel ganz vorne? Schreiben Sie die drei besten Ideen in die Mitte des Reflexionssternes und kreisen Sie den Ideengewinner ein.

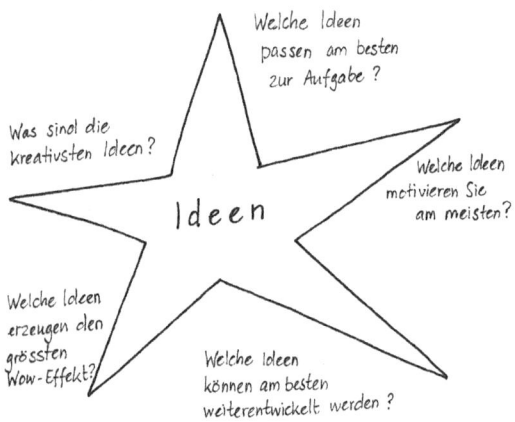

Das Modell konkretisiert die Idee

In Abhängigkeit von dem Problem, von der Aufgabe und von der Idee kann die Ausgestaltung eines Modells sehr vielfältig sein. Ein vorzeigbares Modell sollte einen überzeugenden Eindruck von der Idee vermitteln und eine tiefergehende Bewertung ermöglichen. Aber ein Patentrezept für die Konkretisierung gibt es nicht.

Ein vorzeigbares Modell verdeutlicht eine Idee in ihren Grundzügen. Es kann auch eine Attrappe sein, mit der ein User »spielen« kann. Allerdings gelingt es nicht immer, ein Modell so anschaulich zu gestalten, dass ein User bereits einen fertigen Eindruck der Idee bekommt. Die Modellbreite reicht also von einfachen Anschauungen bis zu funktionsfähigen Prototypen. Der abgebildete Reflexionsstern hilft Ihnen, das entwickelte Modell einer gründlichen Prüfung zu unterziehen. Bevor Sie die fünf Fragen beantworten, skizzieren Sie Ihr Modell in der Mitte des Sternes.

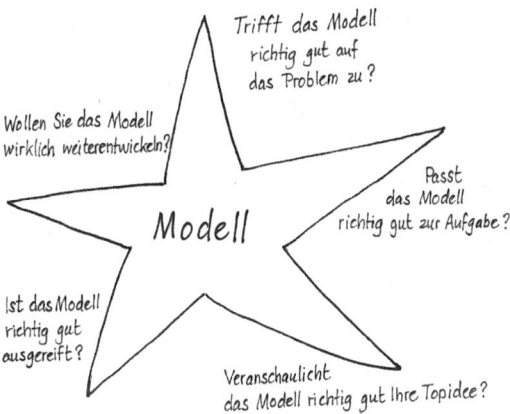

Beantworten Sie die Fragen der Reihe nach. Bedenken Sie bei jeder Frage, mit wie viel Prozent Sie ungefähr zustimmen. Falls Sie bei jeder Frage mit mindestens 80 % zustimmen, haben Sie die Idee zu einem überzeugenden und vorzeigbaren Modell entwickelt. Haben Sie mehrmals unter 80 % zugestimmt, sollten Sie das Modell ein weiteres Mal überarbeiten.

Die Lösung ist der Ausgangspunkt für die Umsetzung

Die Ideenentwicklung sollte mit einer Lösung enden, die ein planbares bzw. umsetzbares Modell für den Alltag oder Job darstellt. Die Lösung ist genau die richtig gute Idee mit der größten Chance auf Umsetzung. Der abgebildete

Reflexionsstern ist der letzte Test innerhalb des Ideenentwicklungsprozesses bzw. der kreativen Bergtour.

Beschreiben Sie zunächst in der Mitte des Reflexionssternes die Lösung in Stichworten. Beantworten Sie die Fragen analog der Vorgehensweise zum Reflexionsstern Modell. Überlegen Sie bei jeder Frage, mit wie viel Prozent Sie ungefähr zustimmen. Sollten Sie bei jeder Frage mit mindestens 80 % zustimmen, haben Sie die Idee zu einer richtig guten Lösung ausgearbeitet. Haben Sie mehrmals unter 80 % zugestimmt, sollten Sie die Lösung noch einmal gründlich reflektieren.

> Setzen Sie zum Abschluss der Reflexion den Kreativitätsenergyzer »World Without« ein. Fragen Sie sich, wie die Welt im Allgemeinen und im Besonderen aussähe, wenn es die Lösung nicht gäbe. Wie fühlt sich das an? Welche Konsequenzen hätte es? Wie wäre ein Leben ohne die Lösung?

5

Aufbrechen in den Berg für die Ideenvorbereitung

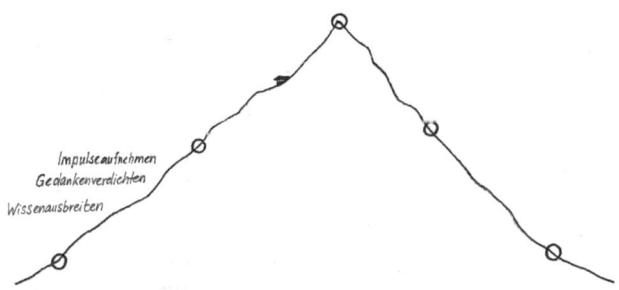

Nachdem das Problem erkannt ist, beginnen Sie mit der kreativen Bergtour. Das erste Etappenziel ist die Aufgabe. Um es zu erreichen, stelle ich Ihnen in diesem Kapitel die Kreativitätsübungen Wissenausbreiten, Gedankenverdichten und Impulseaufnehmen mit Variationen vor. Beim ersten Ansteigen werden Sie sich mit dem Problem vertraut machen und zu wichtigen Erkenntnissen zum Problem kommen. Dabei geht es noch nicht um die Ideenfindung.

> Vertiefen Sie sich nicht zu sehr in Einzelheiten und haben Sie immer das Problem im Blick.

Wissenausbreiten

> Auf einen Blick: »Wissenausbreiten« sammelt möglichst viele Assoziationen zum Problem und ordnet diese Assoziationen sofort nach Nähe und Distanz zum Problem. Wissenausbreiten basiert auf der Kreativitätstechnik »Mindmapping«.
>
> Teilnehmer: Allein, zu zweit oder im Team
>
> Dauer: 30 bis 60 Minuten
>
> Material: Buntstifte, Papier mindestens A3 und eventuell Hafties

Beschreibung

Mit Wissenausbreiten können Inhalte strukturiert auf verschiedenen Ebenen abgebildet werden. Die Kreativitätsübung hilft Ihnen besonders am Anfang der Tour, einen Überblick über das Thema bzw. das Problem zu erhalten sowie Ordnung in Ihre Gedanken zu bringen. Informationen, Daten und Fakten werden nicht in linearer, sondern in grafischer Form festgehalten. Wissenausbreiten besteht aus drei Phasen: Assoziationen sammeln, Assoziationen ausarbeiten, Assoziationen bewerten. Die folgende Abbildung illustriert eine Wissenskarte, die das Ergebnis der Kreativitätsübung darstellt.

Schritt für Schritt

- Schreiben Sie in die Mitte des Papiers das Problem und kreisen Sie es mit einer dicken Linie ein. Alternativ können Sie ein Symbol oder eine Skizze als Platzhalter für das Problem in die Mitte zeichnen.

- Von der Mitte breiten Sie Ihr Wissen zum Problem aus. Die wichtigen Assoziationen stellen die Schlüsselbegriffe der ersten Ebene dar. Danach kommen die weiteren Ebenen.
- Notieren Sie sich um das Problem herum alle Assoziationen wie Informationen, Daten und Fakten. Folgen Sie dem Muster »setze einen Strich und schreibe maximal drei Wörter auf«. Neben Wörtern empfiehlt es sich, Assoziationen als kleine Skizzen oder Zeichnungen festzuhalten.
- Haben Sie eine Assoziation, die Sie nicht sofort zuordnen können, beschreiben Sie den umgekehrten Weg. Ausgehend von dieser Assoziation suchen Sie einen Überbegriff, der sich besser in die Wissenskarte einfügt.
- Erweitern Sie die Wissenskarte, indem Sie fortwährend neue Assoziationen an die aufgeschriebenen hinzufügen.
- Versuchen Sie neben den direkten Linien auch Verbindungen zwischen anderen Assoziationen herzustellen. Heben Sie besonders wichtige Verbindungen mit einer dicken Linie hervor. Symbole wie Ausrufezeichen, Fragezeichen oder Smileys helfen Wichtiges herauszuarbeiten.
- Betrachten Sie jetzt systematisch die vor Ihnen liegende Wissenskarte und ergänzen Sie bei Bedarf wichtige Aspekte zu den Assoziationen.
- Abschließend kreisen Sie die entscheidenden Assoziationen in einer anderen Farbe ein oder Sie schreiben sie auf Hafties.

Falls Sie zu einer bestimmten Assoziation viele weitere Assoziationen auf verschiedenen Unterebenen notieren, sollten Sie eventuell eine ergänzende Wissenskarte für diese wichtige Assoziation erstellen.

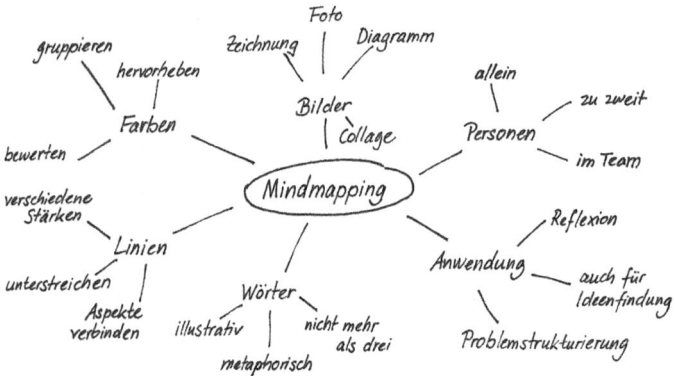

Bewertung

- Wissenausbreiten ist eine vielfältig einsetzbare Kreativitätsübung, die sich gut für Anfänger und Fortgeschrittene anbietet.
- Sie verlassen das eingeübte lineare Denken, so dass Sie neue Assoziationen hervorrufen können.
- Die grafische Darstellung fördert das vernetzte Denken und verschafft einen schnellen Überblick zum Thema bzw. Problem.
- Beim Wissenausbreiten kann zu jedem Zeitpunkt eine Pause eingelegt werden, da das Weiterarbeiten an der Wissenskarte einfach ist.
- Da Sie sich bei jeder Assoziation auf drei Wörter oder ein Bild fokussieren sollten, zwingt Sie das Wissenausbreiten auf den Punkt zu kommen.
- Auf den ersten Blick können Wissenskarten unübersichtlich aussehen und sind somit für Außenstehende schwer nachvollziehbar.
- In der Grundform dieser Kreativitätsübung können Änderungen wie Rechtschreibfehler oder Wortergänzungen nur schwer vorgenommen werden.

> Wissenausbreiten kann überall auf der kreativen Bergtour eingesetzt werden. Im Besonderen eignet es sich auch für die Ideenfindung. Schreiben Sie dann nicht das Problem, sondern die Aufgabenstellung in die Mitte.

Variationen
Für den Teameinsatz eignet sich besonders die Variation »Drehen«. Zuerst gruppieren sich die Teilnehmer um das Papier. Jeder schreibt für sich allein seine Assoziationen leserlich auf. Nun wird das Papier gedreht, so dass jeder Anwender an den Assoziationen seines Nachbarn mit neuen Gedanken anschließen kann. Nach mehrmaligem Drehen betrachtet das Team gemeinsam die Wissenskarte und nimmt eine Bewertung vor.

Mit der Variation »Ein Strich, Ein Haftie« bringen Sie mehr Flexibilität in die Wissenskarte. Sie können immer wieder die Assoziationen auf den Hafties neu sortieren und somit die Struktur der Wissenskarte anpassen. Für die unterschiedlichen Ebenen empfehle ich Ihnen verschieden große Hafties einzusetzen. Dies erleichtert den Überblick.

»Mit allen Sinnen« lenkt Ihre Assoziationen in neue Bahnen. Diese Variation lohnt sich vor allem dann, wenn Sie zu einem Problem bereits eine erste Wissenskarte erstellt haben. Alle Sinne werden als Schlüsselbegriffe der ersten Ebene notiert. Riechen, Schmecken, Fühlen, Sehen und Hören sollen Sie zu abweichenden Assoziationen zum Problem stimulieren. Sie können auch den sechsten Sinn, außergewöhnliche Wahrnehmungen, als weiteren Schlüsselbegriff verwenden.

Bei der Variation »Im Raum« werden gemäß der Anzahl der Anwender große Papierbögen an den Wänden befestigt. Jeder Teilnehmer schreibt das Problem in die Mitte seines Papiers und beginnt mit dem Wissenausbreiten. Danach können sich alle Anwender frei im Raum bewegen und notieren an den verschiedenen Wissenskarten ihre Assoziationen. Abschließend werden aus allen Wissenskarten die wichtigen Assoziationen auf Hafties festgehalten. Da die Teilnehmer ständig in Bewegung sind, empfiehlt sich diese Variation des Wissenausbreitens bei ersten Ermüdungserscheinungen.

Gedankenverdichten

> Auf einen Blick: »Gedankenverdichten« sammelt schnell viele Assoziationen zum Problem und macht sie sofort sortiert sichtbar. Gedankenverdichten basiert auf der Kreativitätstechnik »Clustern«.
>
> Teilnehmer: Allein, zu zweit, in kleinen und großen Teams
>
> Dauer: 30 bis 60 Minuten
>
> Material: Buntstifte, Hafties und eine Fläche für die Hafties

Beschreibung

Im Mittelpunkt des Gedankenverdichtens stehen Hafties. Deren Vorteile werden für diese Kreativitätsübung genutzt, da sie auf den meisten Oberflächen kleben und immer wieder neu sortiert werden können. Die Kreativitätsübung besteht aus zwei Phasen: Assoziationen sammeln und Assoziationen clustern. Gedankenverdichten ähnelt der Kreativitätsübung Wissenausbreiten. Allerdings ist das Sammeln von Assoziationen offener. Das Clustern sorgt für einen strukturierten und geordneten Umgang mit den Assoziationen. Das Ziel des Gedankenverdichtens liegt im Finden und Benennen von entscheidenden Gemeinsamkeiten.

Schritt für Schritt

- Benutzen Sie einen Stapel Hafties und schreiben Sie alle Gedanken zum Thema bzw. Problem auf. Für jeden Gedanken verwenden Sie ein Haftie.

5 Aufbrechen in den Berg für die ...

- Nutzen Sie die ganze Fläche des Hafties für ein bis zwei Sätze oder eine Skizze.
- Breiten Sie nun die Hafties auf einem Tisch aus oder kleben Sie sie an eine Wand.
- Überprüfen Sie, ob sich Gedanken zu Clustern verdichten lassen.
- Häufig entstehen beim Verdichten neue Assoziationen, die Sie wiederum auf Hafties schreiben und Clustern zuordnen.
- Betrachten Sie die Cluster genauer. Was fällt Ihnen auf? Wie hängen Ihre Gedanken zusammen?
- Formulieren Sie pro Cluster eine Überschrift, welche die Gemeinsamkeiten am besten zum Ausdruck bringt. Achten Sie darauf, dass die Überschriften keine abgegriffenen Worthülsen darstellen.
- Die Abbildung fasst das Gedankenverdichten noch einmal zusammen.

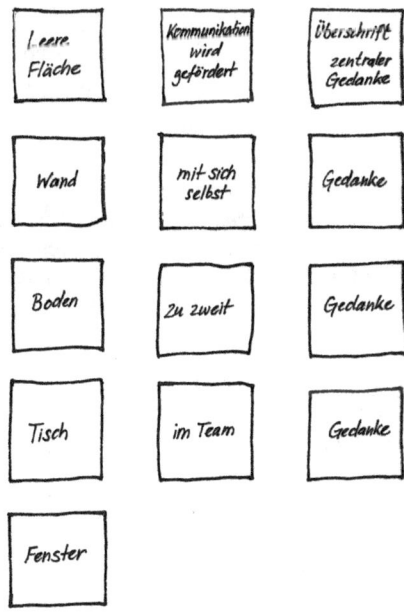

Bewertung

- Gedankenverdichten ist eine vielfältig einsetzbare Kreativitätsübung, die sich auch für größere Gruppen mit bis zu zehn Teilnehmern anbietet.
- Die Kreativitätsübung eignet sich gut für introvertierte Menschen, da beim Sammeln von Assoziationen jeder für sich Gedanken notiert.
- Gedankenverdichten hilft Ihnen, Wichtiges zum Problem schnell zu identifizieren und zu diskutieren.
- Da die Hafties immer wieder neu geclustert werden können, werden im Verlauf des Gedankenverdichtens neue Zusammenhänge herausgearbeitet. Halten Sie vor jeder Veränderung das aktuelle Clustermuster mit einem Foto fest. Somit können Sie mit älteren Clustern und Gemeinsamkeiten arbeiten.
- Da Clustern im Alltag und Job auch für Routinearbeiten eingesetzt wird, kann schnell Langeweile entstehen. Seien Sie beim Clustern hellwach und investieren Sie genügend Zeit in eine erkenntnisreiche und inspirierende Beschreibung der Gemeinsamkeiten eines Clusters.

Benutzen Sie für das Clustern interessante Oberflächen wie eine Fensterscheibe, einen Gartenzaun oder eine Hauswand. Dies gibt dem Gedankenverdichten einen zusätzlichen Reiz.

Variationen

»Kartenspielen« ist eine Variation von Gedankenverdichten, die anstatt Hafties Moderationskarten benutzt und im Team eingesetzt wird. Zuerst findet jeder Teilnehmer Assoziationen, die zum Problem passen, und schreibt sie auf Karten. Insgesamt sollten es mindestens 30 Karten sein. Danach bildet man aus allen Karten einen Stapel. Das Team bearbeitet eine Karte nach der anderen und diskutiert die Relevanz der Assoziationen für das Problem. Ähnliche Assoziationen werden zu Clustern sortiert. Abschließend wird die Gemeinsamkeit der Cluster diskutiert und notiert.

Mit der Variation »Bonsai« setzen Sie ganz kleine Hafties oder Kärtchen ein, auf die maximal zwei Wörter oder eine Miniskizze passen. Dies zwingt alle Teilnehmer auf den Punkt zu denken. Oder Sie setzen »Mammut« ein und verwenden ganz große Hafties oder Karten. Diese Variation zielt darauf ab, Gedanken möglichst detailliert zu beschreiben. Setzen Sie Mammut im Team ein, sollten Sie die Anzahl der Hafties beschränken, damit die Anwender intensiv die Assoziationsbeschreibungen diskutieren können.

Impulseaufnehmen

Auf einen Blick: Die Meinung von Dritten hilft bei der Ideenentwicklung. »Impulseaufnehmen« sorgt für zusätzliche Informationen und neue Perspektiven auf das Problem bzw. auf die Themen, die sich beim Aufbrechen in den Berg herauskristallisiert haben.

Teilnehmer: Allein, zu zweit plus Gesprächspartner

Dauer: 30 bis 60 Minuten plus Nachbereitung

Material: Buntstifte, Papier und eventuell Smartphone oder Diktiergerät

Beschreibung
Um Voreingenommenheit und blinde Flecken zu vermeiden, setzt die Kreativitätsübung Impulseaufnehmen auf das Interview. Zusätzliche Informationen und wertvolle Erkenntnisse sollen über das Problem gewonnen werden. Impulseaufnehmen besteht aus drei Phasen: Gespräch vorbereiten, Gespräch durchführen, Gespräch auswerten. Die Auswahl des passenden Gesprächspartners hängt davon ab, was mit dem Interview bezweckt

werden soll, und reicht von Freunden über Kollegen bis hin zu »Extreme Usern« und Trendexperten (siehe die folgende Abbildung).

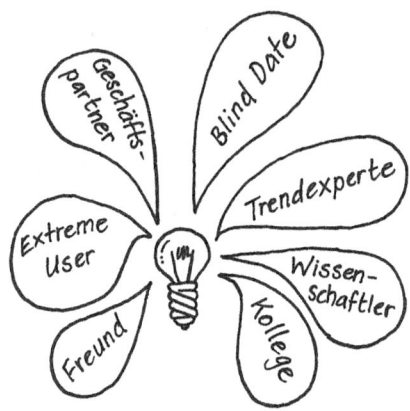

Schritt für Schritt

- Legen Sie fest, ob Sie grundsätzlich über das Problem oder über ein Thema, das im Kontext des Problems steht, mit einer anderen Person sprechen möchten.
- Fällt Ihnen spontan jemand ein, mit dem Sie das Interview führen möchten? Im Idealfall findet das Gespräch face-to-face statt.
- Bereiten Sie sich gut auf das Gespräch vor. Es ist wichtig, kurz und überzeugend Gesprächsthema und erste Gedanken vorzustellen.
- Formulieren Sie eine Reihe von Fragen, die das Gespräch strukturieren. Es bieten sich offene Fragen an, die mit einem Wie oder Warum beginnen.
- Führen Sie das Interview durch. Versuchen Sie, eine wirkliche Dialogsituation zu schaffen. Achten Sie während des Gespräches auf Hinweise für eine spätere Recherche.

- Um sich ganz auf Ihren Gesprächspartner einlassen zu können, empfehle ich Ihnen, das gesamte Interview mit einem Smartphone aufzunehmen. Anstatt einer Aufzeichnung können Sie sich während des Gespräches erste Notizen machen.
- Direkt im Anschluss sollten Sie das Interview auswerten und die Notizen weiter ausarbeiten. Suchen Sie nach Schlüsselwörtern und interessanten Erkenntnissen.
- Abschließend überlegen Sie, was die drei besten und die drei kritischsten Hinweise des Gesprächspartners waren. Dies hilft Ihnen bei der Entwicklung der Aufgabenstellung.

Bewertung

- Impulseaufnehmen zeigt am Anfang der kreativen Bergtour vorhandene Schwachstellen auf und verhindert einseitige Bewertungen sowie vorschnelle Entscheidungen.
- Die Kreativitätsübung vermindert Angst vor Kritik und Zurückweisung.
- Damit Sie sich auf den Gesprächsverlauf konzentrieren können, entscheiden Sie sich für eine weitere Person, welche die Inhalte dokumentiert und noch während des Interviews erste Erkenntnisse gewinnt.
- Der Einsatz von Impulseaufnehmen lohnt sich auch auf späteren Etappen der kreativen Bergtour, um zum Beispiel Ideen oder Modelle einer kritischen Prüfung zu unterziehen.
- Sie sollten genügend Zeit für die Auswertung einplanen, damit ein wirklicher Zuwachs an Wissen entsteht.

> Versuchen Sie Gesprächspartner zu finden, die anders denken und handeln als Sie. Somit bekommen Sie neue Sichtweisen auf das Problem.

Variationen

Impulse können sehr gut über die Variation »Diskussionsrunde« aufgenommen werden. Laden Sie mehrere Personen zu einem gemeinsamen Gespräch ein, bei dem sie ihre Wahrnehmungen, Meinungen und vielleicht sogar schon erste Ideen zum Problem äußern können. In Diskussionen werden spontane und emotionale Reaktionen leichter sichtbar und andere Perspektiven gebildet. Diskussionsrunden erfordern eine gute Moderationsfähigkeit, gerade wenn das Gespräch stockt oder Konflikte entstehen. Ich empfehle Ihnen maximal sechs Teilnehmer für eine Diskussionsrunde einzuladen, so dass sich jeder einbringen kann. Für erste Erkenntnisse sollte es einen Protokollanten geben.

Mit der Variation »Speeddating« können Sie in kurzer Zeit viele verschiedene Perspektiven auf das Thema miteinander kombinieren. Laden Sie genauso viele Gäste ein wie Sie Mitglieder im Team haben. An jedem Tisch sitzen ein Teammitglied und ein Gast, dem maximal fünf Minuten W-Fragen gestellt werden. Die Antworten sollten sofort notiert werden. Danach finden sich die Teammitglieder und Gäste zu neuen Dates zusammen. Die Anzahl der Runden hängt von der Teamgröße ab. Bei Zweier- oder Dreierteams rate ich zu kürzeren Dates und nach dem ersten Durchlauf zu einer Wiederholung des Speeddatings. Danach sprechen Sie im Team alle Notizen durch.

»Advocatus Diaboli«, der Anwalt des Teufels, setzt auf den gezielten Einsatz einer Gegenposition. Eine Person übernimmt die Rolle des Gegenspielers und sorgt durch die abweichende Sichtweise für ein tieferes Durchdringen des Problems. Advocatus Diaboli schärft die eigene Position und verhindert am Anfang der kreativen Bergtour einen zu frühen Konsens. Sie sollten als Moderator darauf achten, dass die Diskussion nicht entgleist und persönlich verletzend wird.

6

Ansteigen am Berg für die Ideenfindung

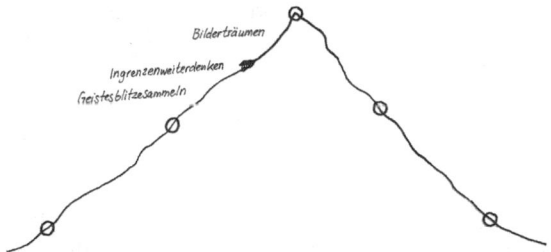

Haben Sie keine Angst vor dem leeren Blatt Papier. In diesem Kapitel stelle ich Ihnen die drei Kreativitätsübungen Geistesblitzesammeln, Ingrenzenweiterdenken und Bilderträumen mit Variationen vor. Die Kreativitätsübungen werden Ihnen gezielt helfen, richtig gute Ideen für die Aufgabenstellung zu entwickeln. Sie setzen sowohl auf Quantität als auch auf Qualität, so dass Sie den Gipfel mit vielen Ideen im Gepäck erreichen. Auf dem Gipfel müssen Sie dann entscheiden, mit welchen Ideen Sie vom Berg absteigen.

© Springer Fachmedien Wiesbaden GmbH, ein Teil von Springer Nature 2020
S. Sonnenburg, *Routenplaner Kreativität*,
https://doi.org/10.1007/978-3-658-25973-0_6

Für die Ideenfindung ist es entscheidend, jeden Gedanken zuzulassen, sei er noch so abwegig und abenteuerlich. Schlagen Sie mit Ihren Gedanken neue Wege ein.

Geistesblitzesammeln

Auf einen Blick: »Geistesblitzesammeln« sorgt unkompliziert für möglichst viele Ideen. Geistesblitzesammeln basiert auf der Kreativitätstechnik »Brainstorming« und ist häufig die erste Übung beim Ansteigen.

Teilnehmer: Allein, zu zweit, besonders für Teams geeignet

Dauer: 30 bis 60 Minuten

Material: Buntstifte, Hafties, idealerweise eine Wand zum Anheften

Beschreibung

Geistesblitzesammeln ist auf der Bergtour die kreative »Allzweckwaffe«. Es kann während der Ideenfindung und zu jedem anderen Zeitpunkt eingesetzt werden. Diese Kreativitätsübung kann allein durchgeführt werden, bietet sich aber vor allem im Team an. Hier ermöglicht sie Synergieeffekte, die sich durch unterschiedlichen Hintergrund und Kenntnisstand der Teilnehmer ergeben. Im Team entsteht beim Geistesblitzesammeln eine kreative Eigendynamik, da sich die Anwender durch die Äußerung ihrer Gedanken wechselseitig zu immer neuen Ideen inspirieren. Die Kreativitätsübung besteht aus zwei Phasen: Ideen entwickeln und Ideen bewerten.

Schritt für Schritt

- Benutzen Sie Hafties nach dem Motto »eine Idee, ein Haftie«.
- Jeder sollte die folgenden Regeln beachten: keine Kritik während der Ideenfindung, der Fantasie freien Lauf lassen, möglichst viele Ideen produzieren.
- Die Ideen der anderen weiterzuentwickeln ist die entscheidende Regel. Es empfiehlt sich ein Moderator, der bei Bedarf auf die Regeln hinweist und ein Durcheinander von Äußerungen vermeidet.
- Nun beginnen Sie, zur Aufgabe Ideen zu finden. Teilen Sie jede Idee mit, notieren Sie die Idee auf ein Haftie und kleben es an die Wand.
- Nehmen Sie sich Zeit für das Ideensammeln. Die guten Ideen kommen Ihnen nicht sofort in den Sinn.
- Schreiben Sie auch komische, verrückte oder abwegige Ideen auf. Im weiteren Verlauf der kreativen Bergtour können sie eine Inspiration sein.
- Sie sollten mindestens 20 Ideen sammeln. 30 Ideen sind sehr gut, 50 Ideen und mehr sind überragend und häufig der Regelfall.
- Betrachten Sie alle Ideen an der Wand. Sichten Sie eine Idee nach der anderen und bilden Sie thematische Cluster.
- Während der Ideenbewertung können weitere Ideen entstehen, die Sie den Clustern zuordnen.
- Schauen Sie sich das Gesamtbild an. Kristallisiert sich schon eine richtig gute Idee heraus? Oder können Sie mehrere Ideen zu einer richtig guten Idee zusammenfassen?
- Abschließend kreisen Sie die richtig guten Ideen in einer anderen Farbe ein.
- Die folgende Abbildung fasst wesentliche Aspekte des Geistesblitzesammelns zusammen.

> Nach 20 bis 30 Minuten entsteht häufig das Gefühl, keine Ideen mehr zu haben. Setzen Sie einen Kreativitätsenergyzer, wie in Kap. 9 beschrieben, ein.

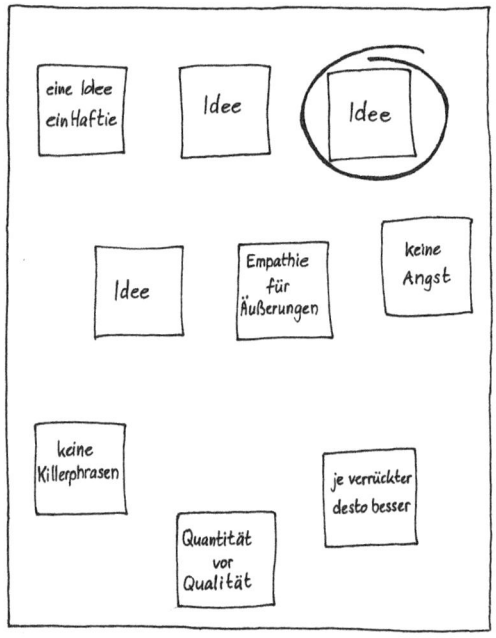

Bewertung

- Durch die spontane Verknüpfung von Gedanken ist Geistesblitzesammeln sehr produktiv.
- Die Kreativitätsübung durchbricht frühzeitig Denkblockaden.
- Die einfachen Regeln helfen unterschiedlichsten Persönlichkeitstypen, gemeinsam Ideen zu entwickeln.
- Alle Anwender haben die Möglichkeit, sich gleichberechtigt einzubringen.
- Introvertierte und zögerliche Teilnehmer können sich benachteiligt fühlen. Achten Sie als Moderator darauf, dass jeder zu Wort kommt.

- Für die Einhaltung der Regel, keine Kritik in der Ideenfindung zu äußern, empfehle ich Ihnen, wie beim Fußball die gelbe Karte als Verwarnung zu benutzen.
- Wegen oft falscher Anwendung hat Brainstorming keinen guten Ruf und wird gerne unterschätzt. Deshalb habe ich mich bewusst für den Namen Geistesblitzesammeln entschieden.

Variationen

In der Variation »Sandwich« wechseln sich Teamphasen und Einzelphasen ab. Nach einer ersten Runde im Team folgt eine zweite, in der jeder Teilnehmer für sich Ideen entwickelt und sie danach den anderen vorstellt. Die dritte Runde erfolgt erneut im Team. Gemeinsam werden alle Ideen bewertet und geclustert. Bei dieser Variation können die Anwender in der Einzelphase ihren eigenen Gedanken nachgehen und werden nicht durch die Äußerungen der anderen abgelenkt.

»Stop & Go« macht das Geistesblitzesammeln dynamisch, indem sich die Phasen der Ideenfindung und der Ideenbewertung abwechseln. Planen Sie maximal fünf Wechsel ein. Mit der Variation »Blitzlicht« sorgen Sie spontan für eine Reflexion bzw. ein Meinungsbild. Dabei darf jeder Teilnehmer maximal eine Minute aus der Ich-Perspektive sprechen. Blitzlicht eignet sich vor allem, wenn die Ideenfindung oder die Ideenbewertung ins Stocken gerät.

Bei Kreativitätsübungen legen wir viel zu wenig Wert auf Bewegung. Mit der Variation »Kopf + Körper« wird vor allem das Gehirn zum Aufbrechen von Denkmustern aktiviert. In einem Raum werden leere Hafties willkürlich platziert. Die Teilnehmer sollen sich zuerst im Raum nach ihren Bedürfnissen bewegen und Ideen entwickeln. Jede Idee wird auf ein Haftie geschrieben. Ermuntern Sie während der Übung die Teilnehmer, sich von den aufgeschriebenen Ideen anregen zu lassen. Versuchen Sie, die Anwender durch

Musik bzw. Musikwechsel zu anderen Bewegungen zu motivieren. Kopf + Körper benötigt einen überzeugenden Moderator.

Ingrenzenweiterdenken

> Auf einen Blick: »Ingrenzenweiterdenken« greift bestehende Ideen auf, um sie weiterzuentwickeln, oder findet neue Ideen. Ingrenzenweiterdenken basiert auf der Kreativitätstechnik »Methode 635«.
>
> Teilnehmer: Besonders für Teams bis sechs Personen
>
> Dauer: 45 bis 90 Minuten
>
> Material: Buntstifte, Papier mit Gitterstruktur, Schere

Beschreibung

Ingrenzenweiterdenken ist eine geeignete Kreativitätsübung, die in kurzer Zeit und in einem produktiven Wettbewerb möglichst viele Ideen entwickelt. Sie empfiehlt sich für kleinere Teams und garantiert jedem, bei allen Ideen mitgewirkt zu haben. Das Ziel sollte sein, auf den gedanklichen Leistungen der anderen strukturiert und systematisch aufzubauen. Ingrenzenweiterdenken besteht aus drei Phasen: Ideen entwickeln, Ideen clustern, Ideen bewerten.

Schritt für Schritt

- Jeder Teilnehmer bekommt ein Papier, auf dem, wie in der Abbildung dargestellt, ein Gitter zu sehen ist. Für die Ideenvielfalt empfehle ich ein Gitter mit sechs Zeilen. Haben Sie wenig Zeit für die Kreativitätsübung, reduzieren Sie die Anzahl der Zeilen.

6 Ansteigen am Berg für die Ideenfindung

- Achten Sie darauf, dass alle leserlich und nicht über die Linien eines Feldes schreiben. Somit können Sie die Ideen später leichter ausschneiden.
- Nach der Vorstellung der Aufgabe werden in die erste Zeile drei Ideen geschrieben. Dafür haben alle Anwender fünf Minuten Zeit. Alternativ können in die erste Zeile bereits entwickelte Ideen geschrieben werden und die Teilnehmer beginnen in der zweiten Zeile mit ihrer Ideenfindung.
- Das Papier wird an den rechten Nachbarn weitergereicht, der die nächste Zeile mit drei weiteren Ideen ausfüllen soll.
- Die aufgeschriebenen Ideen dienen als Anregung. Jeder kann die Ideen direkt weiterentwickeln oder völlig neue Ideen notieren.
- Für jede Zeile sollten Sie sich fünf Minuten vornehmen. Planen Sie für die letzten beiden Runden mehr Zeit ein, denn jeder muss sich erst einmal einen Überblick über die Ideen verschaffen.
- Fahren Sie mit dem Ingrenzenweiterdenken fort, bis die Gitter ausgefüllt sind.
- Schneiden Sie jetzt jede festgehaltene Idee mit einer Schere aus.
- Besprechen Sie im Team alle Ideen. Bilden Sie Cluster.
- Versuchen Sie, am Ende der Kreativitätsübung die Ideen in einem Cluster zu einer Topidee weiterzuentwickeln, oder entscheiden Sie sich in einem Cluster für die Topidee.

> Jede Zeile sollte immer komplett ausgefüllt sein. Fällt einem Teilnehmer in einer Runde keine dritte Idee ein, sollte er einen Gedanken aufschreiben, der mit der Aufgabe zusammenhängt und die anderen Teilnehmer in den weiteren Runden anregt.

Idee 1	Idee 2	Idee 3
Idee 10	Idee 11	Idee 12
Idee 16	Idee 17	Idee 18

Bewertung

- Da alle während der Ideenfindung für sich arbeiten, eignet sich das Ingrenzenweiterdenken für introvertierte bzw. schüchterne Teilnehmer.
- Die Kreativitätsübung kombiniert in jeder Runde überlegen mit inspirieren, um auf neue Ideen zu kommen.
- Die Anwender sind sehr produktiv, da zum Beispiel fünf Teilnehmer in fünf Runden mit jeweils fünf Minuten bis zu 75 Ideen entwickeln.
- Achten Sie darauf, dass die Teilnehmer während der Ideenfindung nicht miteinander sprechen.
- Bevor jede Runde neu startet, können Sie die Regel einführen, dass bei Verständnis- oder Leseschwierigkeiten kurz mit dem Nachbarn gesprochen werden darf.
- Beim Ingrenzenweiterdenken ist es eine große Herausforderung, dass die Anwender nicht das Gefühl haben, von Runde zu Runde Ideen wie am Fließband produzieren zu müssen.

Variationen
Mit »Think Big« geben Sie den Teilnehmern mehr Fläche für die Beschreibung ihrer Ideen. Bei dieser Variation wird für das Gitter Papier in Größe A3 oder A2 verwendet. Motivieren Sie mit Think Big die Teilnehmer, dass sie Ideen auch zeichnerisch festhalten. Pro Runde sollten Sie mehr als fünf Minuten einplanen, damit jeder genügend Zeit hat, sich mit den Ideen der anderen zu beschäftigen und die eigenen drei Ideen zu finden.

Der Erlebniswert der Grundübung kann als zu mechanisch empfunden werden, da sie an das Ausfüllen von Formularen erinnert. Mit der Variation »Dalli Klick« überraschen Sie die Anwender in der dritten oder vierten Runde, indem Sie ein Bild-, Piktogramm- oder Wortkärtchen in eines der Felder legen und die Teilnehmer ermuntern, sich von ihm anregen zu lassen. Das Kärtchen sollte mit dem Problem oder der Aufgabe in Zusammenhang stehen. Alternativ können Sie Gitter austeilen, auf denen bereits zwei oder drei Bilder, Piktogramme oder Wörter als Inspiration stehen.

Bilderträumen

Auf einen Blick: Beim »Bilderträumen« werden mit Hilfe willkürlich ausgewählter Bilder Assoziationen hervorgerufen, die zur Ideenfindung verwendet werden. Bilderträumen basiert auf der Kreativitätstechnik »Reizbildanalyse«.

Teilnehmer: Allein, zu zweit oder im Team

Dauer: 45 bis 90 Minuten

Material: Buntstifte, Papier, Hafties, Bilder

Beschreibung

Bilderträumen unterstützt die Anwender, Dinge aus einer völlig neuen Perspektive zu betrachten. Die Kreativitätsübung fördert das abweichende Denken und die intuitive Ideenfindung. Somit werden die Anwender gezwungen, ausgetretene Denkpfade zu verlassen und Verbindungen zwischen scheinbar Unmöglichem herzustellen. Bilderträumen besteht aus vier Phasen: Bilder analysieren, Assoziationen bilden, durch Transfer Ideen finden, Ideen bewerten.

Schritt für Schritt

- Zuerst benötigen Sie Bilder. Entweder machen Sie mit einem Smartphone drei Fotos Ihrer Umwelt oder Sie suchen sich spontan aus einem Magazin drei Bilder aus.
- Achten Sie darauf, dass die Bilder viele Assoziationen wecken können.
- Analysieren Sie nacheinander die Bilder. Gehen Sie bei jedem Bild über das Naheliegende hinaus und beginnen Sie zu fantasieren. Lassen Sie sich von den Farben, Formen und Inhalten anregen.
- Die folgenden Fragen mögen Sie inspirieren: Erkennen Sie in dem Bild eine Geschichte? Hat das Bild eine symbolische oder versteckte Bedeutung?
- Werden Sie zu einem Teil des Bildes. Welche Gefühle löst dies bei Ihnen aus?
- Schreiben Sie alle Gedanken auf Papier. Formulieren Sie Ihre Bilderträume in ganzen Sätzen.
- Die Bilderträume dienen Ihnen jetzt als Inspiration für die Ideenfindung. Übertragen Sie die Sätze auf die

6 Ansteigen am Berg für die Ideenfindung

Aufgabenstellung, oder entwickeln Sie bereits gefundene Ideen mit den Sätzen weiter. Benutzen Sie dafür Hafties.
- Viel Fantasie und Spontaneität sind gefordert. Lassen Sie sich von den Sätzen überraschen. Nehmen Sie sich Zeit und haben Sie Geduld.
- Versuchen Sie durch Bilderträumen möglichst viele Ideen zu sammeln.
- Zur Ideenbewertung kopieren Sie das Vierfeldraster (in der Abbildung rechts). Fragen Sie sich bei jeder Idee, ob sie sinnvoll und neu ist. Sehr gute Ideen kleben Sie in das Feld ++, neutrale Ideen in das Feld 0, nur sinnvolle oder nur reizvolle Ideen in die Felder mit einem +.

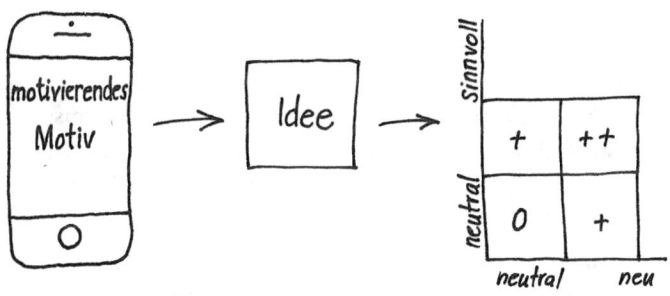

Bewertung

- Bilderträumen eignet sich hervorragend, um über den Zufall zu ungewöhnlichen Ideen zu kommen.
- Die Kreativitätsübung kann immer wieder als Impuls zur Ideenfindung eingesetzt werden.
- Stecken Sie in einer Sackgasse fest, ist Bilderträumen besonders hilfreich und wirkt abnehmender oder fehlender Inspiration entgegen.

- Es erfordert von den Anwendern Zeit und Mut, Verknüpfungen herzustellen.
- Der Transfer kann eine Hürde darstellen. Teilnehmer können sich irritiert und gehemmt fühlen oder wissen nicht, wie sie die Sätze übertragen sollen. Motivieren Sie zum Transfer, so dass der innere Zensor geschwächt wird.
- Bei ungeübten Anwendern sollte Bilderträumen nicht als erste Kreativitätsübung für die Ideenfindung eingesetzt werden.

> Es gelingt nicht immer, bei allen Sätzen einen Bezug zur Aufgabe oder zu bestehenden Ideen herzustellen. Lassen Sie sich dadurch nicht entmutigen. Je mehr Sätze Sie assoziiert haben, desto höher ist die Wahrscheinlichkeit, dass Sie auf richtig gute Ideen kommen.

Variationen

»Pecha Kucha« leitet sich von der gleichnamigen Präsentationstechnik ab, bei der 20 Bilder jeweils 20 Sekunden für einen Vortrag eingeblendet werden. Bei dieser Variation benötigen Sie lediglich zehn Bilder, die Sie zu einem Stapel bilden. Jedes Bild wird analog dem Bilderträumen analysiert, wobei Sie pro Bild nicht mehr als drei Minuten verwenden sollten. Durch den Bilderwechsel und den Zeitdruck werden Sie zu neuen Assoziationen angeregt.

Mit der Variation »Bild + Wort« werden zusätzlich zu den drei Bildern der Grundübung drei Wörter eingesetzt. Nehmen Sie sich ein Buch oder ein Magazin zur Hand und entscheiden Sie sich spontan für drei Wörter, zum Beispiel auf der neunten Seite in der siebten Zeile das dritte Wort. Ist es kein Substantiv, verwenden Sie das folgende Substantiv. Kombinieren Sie spontan ein Bild mit einem ausgesuchten Wort. Versuchen Sie durch die Verbindung von Bildern und Wörtern zu Assoziationen zu kommen.

6 Ansteigen am Berg für die Ideenfindung

»Wirrwarr« setzt nur auf Wörter. In Anlehnung an die Variation Bild + Wort sollten Sie sich für sechs Wörter entscheiden. Bilden Sie danach spontan drei Wortkombinationen, zum Beispiel aus Duft und Schwierigkeit die Kombination Duftschwierigkeit. Beginnen Sie mit dem Assoziieren. Da die Kombinationen ein wirres Durcheinander ergeben, benötigen Sie mehr Zeit für das Assoziieren sowie für das Übertragen auf die Aufgabenstellung oder für das Weiterentwickeln der Ideen.

7

Absteigen vom Berg für die Ideenausarbeitung

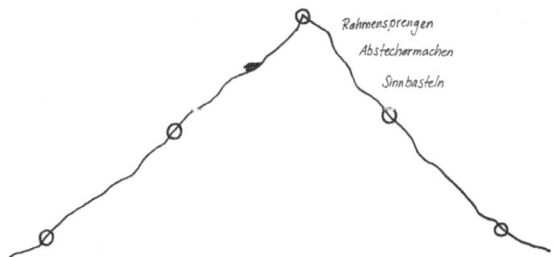

In diesem Kapitel stelle ich Ihnen Kreativitätsübungen vor, mit denen Sie Ihre richtig guten Ideen zu Modellen weiter ausarbeiten können. Mit Rahmensprengen, Abstechermachen und Sinnbasteln sowie ihren Variationen steigen Sie trittsicher vom Gipfel der Ideen ab. Beim Abstieg auf der kreativen Bergtour empfehle ich Ihnen, maximal zwei Ideen mitzunehmen, so dass Sie sich nicht in den verschiedenen Ideen verlieren. Jetzt steht die Ideenqualität im Fokus.

> Für das Ausarbeiten von Ideenmodellen sollten Sie sich von unterschiedlichem Material anregen lassen und einfach loslegen. Die Ideen modellieren sich fast von selbst.

Rahmensprengen

> Auf einen Blick: Beim »Rahmensprengen« wird eine Idee in Einzelteile zerlegt, um sie anschließend zu Ideenkonzepten zusammenzufügen. Rahmensprengen basiert auf der Kreativitätstechnik »Morphologischer Kasten«.
>
> Teilnehmer: Allein, zu zweit oder im Team
>
> Dauer: 45 bis 90 Minuten
>
> Material: Buntstifte, Papier A4 oder größer

Beschreibung

Rahmensprengen ist eine einfache und effektive Kreativitätsübung, um Ideen auszuarbeiten. Dabei werden die entscheidenden Elemente bzw. Merkmale der potenziellen Ideenkonzepte herausgearbeitet und, wie in der folgenden Abbildung zu sehen, in einer Tabelle angeordnet. Neben jedem Element können Sie alle möglichen Variationen auflisten. Ideenkonzepte entstehen, wenn Sie aus den Elementenzeilen beliebige Variationen wählen und diese miteinander kombinieren. Rahmensprengen besteht aus vier Phasen: Ideen zerlegen, Elemente und Variationen der Ideen mannigfaltig kombinieren, Ideenkonzepte bilden, Ideenkonzepte bewerten.

7 Absteigen vom Berg für die Ideenausarbeitung

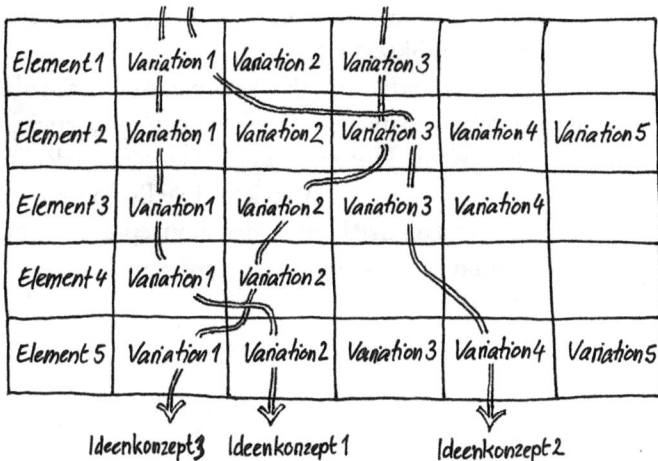

Schritt für Schritt

- Zeichnen Sie ein leeres Gitter auf Papier. Lassen Sie Platz, damit das Gitter nach rechts und nach unten vergrößert werden kann.
- Zerlegen Sie eine bereits gefundene Idee in wichtige Elemente und entwickeln Sie für jedes Element Variationen. Die Elemente sollten unabhängig voneinander sein. Vermeiden Sie ein Denken in Schlagworten. Benutzen Sie eine bildhafte Sprache.
- Aus jeder Zeile wählen Sie eine bestimmte Variation aus. Sie sollten die Variationen mit einer Linie verbinden und zu einem Ideenkonzept zusammenfügen.
- Anstelle dieses Vorgehens können Sie beliebig Variationen miteinander zu Ideenkonzepten verknüpfen. Lassen Sie sich von allen Elementen und Variationen des Gitters anregen.
- Pro Idee sollten Sie mindestens drei umfassende Ideenkonzepte entwickeln.

- Beschreiben Sie jedes Ideenkonzept in wenigen Sätzen oder in einfachen Skizzen.
- Abschließend bewerten Sie das kreative Potenzial jedes Ideenkonzeptes anhand der Dimensionen Neuartigkeit und Sinnhaftigkeit. Nutzen Sie eine Skala für jede Dimension, die von eins bis zehn reicht. Die Bestpunktzahl für das kreative Potenzial eines Ideenkonzeptes liegt bei 20 (zehn Punkte für Neuartigkeit und zehn Punkte für Sinnhaftigkeit).

Bewertung

- Rahmensprengen eignet sich für die Weiterentwicklung jeder Art von Ideen.
- Viele Informationen bezüglich der Idee können in komprimierter Form aufgenommen werden und ermöglichen eine klare Darstellung der Idee.
- Die Visualisierung in einem Gitter erleichtert das Zerlegen und Zusammenfügen.
- Strukturliebende Teammitglieder können leicht vom Rahmensprengen überzeugt werden.
- Die Bestimmung der entscheidenden Elemente ist eine Herausforderung, prägt aber maßgeblich den Erfolg der Kreativitätsübung.
- Fachkenntnisse sind möglicherweise erforderlich, um die Idee in Elemente zu zerlegen. Deshalb kann es sinnvoll sein, die Kreativitätsübung für Wissensaufbau zu unterbrechen oder Experten hinzuzuziehen.

> Die Elemente mit ihren Variationen sollten für die Idee wichtig sein und nicht nebensächliche Details beschreiben.

Variationen
Mit der Variation »13 mal 13« denken Sie groß. Die Erfahrung zeigt, dass bei der Anwendung der Grundübung häufig zu wenig Elemente und Variationen entwickelt werden. Die Variation 13 mal 13 zwingt sie, 13 Elemente mit jeweils 13 Variationen zu finden. Warum 13? Dafür gibt es keine logische, sondern nur eine mythologische Erklärung. Denn die Zahl 13 steht in vielen Mythen und Sagen für Transformation und Weiterentwicklung.

Bei der Variation »Shared Concept« setzen Sie sich intensiver mit den Ideenkonzepten auseinander. Anstatt sich zwischen mehreren Ideenkonzepten zu entscheiden, sollten Sie die Ideenkonzepte zu einem Shared Concept bzw. zu einem übergeordneten Konzept zusammenfügen. Zuerst überlegen Sie, welche Merkmale eines Ideenkonzeptes unbedingt zu erhalten sind und somit in das Shared Concept einfließen. Aus all diesen Merkmalen entwickeln Sie abschließend das übergeordnete Ideenkonzept.

Abstechermachen

> Auf einen Blick: Beim »Abstechermachen« werden Ideen aus drei Perspektiven überprüft und weiterentwickelt. Abstechermachen basiert auf der Kreativitätstechnik »Walt-Disney-Methode«.
>
> Teilnehmer: Allein, zu zweit oder im Team
>
> Dauer: 60 bis 90 Minuten
>
> Material: Buntstifte, Hafties, genügend Platz in zwei Bereichen

Beschreibung

Beim Beginn des Abstieges entstehen häufig festgefahrene Denkstrukturen, die durch Abstechermachen aufgebrochen werden können. Die Kreativitätsübung setzt auf Vorstellungskraft und Fantasie. Die Anwender machen drei Abstecher und schlüpfen dabei in drei unterschiedliche Rollen. Nacheinander wird die Perspektive eines Denkers, eines Träumers und eines Pragmatikers eingenommen, um eine Idee oder ein Ideenkonzept weiterzuentwickeln. Abstechermachen besteht aus drei Phasen: Ideen überprüfen, Ideen verbessern, Ideenmodelle ausarbeiten.

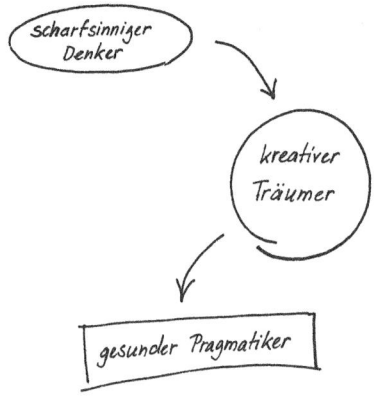

Schritt für Schritt

- Achten Sie darauf, dass sich im Raum zwei Bereiche befinden, wo die Teilnehmer arbeiten können. Um das Hineindenken in die Rollen zu erleichtern, sollten Sie beide Bereiche ein wenig ausgestalten. Halten Sie den Bereich für den ersten Abstecher nüchtern und einfach, wohingegen der Bereich für den zweiten Abstecher bunt und anregend sein sollte.

7 Absteigen vom Berg für die Ideenausarbeitung

- Zu Beginn der Kreativitätsübung werden die drei unterschiedlichen Rollen vorgestellt, damit sich die Anwender leichter in die Rollen hineinversetzen können.
- Während des ersten Abstechers betrachten Sie die Idee oder bereits ein erstes Ideenkonzept analytisch. Versuchen Sie, die Sichtweise eines scharfsinnigen Denkers einzunehmen. Finden Sie heraus, was der Idee oder dem Ideenkonzept als Problemlösung noch fehlt. Tauchen Sie tief in die Idee ein. Notieren Sie Ihre Gedanken auf Hafties und legen Sie diese in den ersten Bereich ab.
- Während des zweiten Abstechers nähern Sie sich der Idee oder dem Ideenkonzept visionär. Nehmen Sie die Sichtweise eines kreativen Träumers ein. Überlegen Sie, wie Sie die Idee zukunftsweisender gestalten können. Chaotisches Denken ist erlaubt. Notieren Sie Ihre Gedanken auf Hafties und legen Sie diese in den zweiten Bereich ab.
- Während des dritten Abstechers setzen Sie sich realistisch mit der Idee bzw. dem Ideenkonzept auseinander. Versuchen Sie, aus der Sicht eines gesunden Pragmatikers die Gedanken des Denkers und Träumers zusammenzubringen. Bewegen Sie sich zwischen den beiden Bereichen und entwickeln Sie die Idee abschließend zu einem Ideenmodell, oder verfeinern Sie das bereits existierende Ideenkonzept.

Bewertung

- Beim Abstechermachen fällt es den Anwendern leicht, sich in die unterschiedlichen Rollen zu versetzen, da sie »natürlich« in jedem Menschen angelegt sind.
- Vorschnelle und einseitige Bewertungen werden vermieden.
- Gerade beim individuellen Arbeiten zwingt die Kreativitätsübung neue Sichtweisen einzunehmen und vermeidet somit eindimensionales Denken.

- Im Team ist es wichtig, dass sich die Teilnehmer unterstützen, um sich gemeinsam in die jeweilige Rolle zu versetzen und genügend Vertrauen für das Rollenspielen aufzubauen.
- Machen Sie während des Rollenwechsels eine Pause, so dass sich die Teilnehmer in die neue Sichtweise hineindenken können.
- Sie müssen Zeit investieren, um die beiden Bereiche im Raum zu gestalten.

> Die verschiedenen Rollen können während einer Session mehrmals eingenommen werden, bis ein überzeugendes Modell entwickelt ist.

Variationen

Die Variation »Drei Räume« versucht, das Hineindenken in die drei unterschiedlichen Rollen zu erleichtern. Für jede Perspektive wird ein eigener Raum mit entsprechender Ausstattung zur Verfügung gestellt. Gestalten Sie den Raum für den Denker einfach und strukturiert. Verwenden Sie weiße, schwarze und graue Farben, damit sich die Teilnehmer auf das Wesentliche konzentrieren können. Den Raum des Träumers statten Sie mit Objekten und einem Farbenmix aus, um die Fantasie anzuregen. Zum Weiterentwickeln der Gedanken aus den beiden anderen Räumen legen Sie im Raum des Pragmatikers verschiedene Arbeitsgeräte aus. Punktuell setzen Sie Farben als Anregung ein.

In der Variation »Chef« wird eine zusätzliche Rolle eingeführt, die am Ende der Kreativitätsübung eingenommen wird. Aus der Perspektive eines Chefs sollen sich die Anwender dem Ideenmodell mit folgenden Fragen nähern: Was könnte verbessert werden? Wurde etwas Wesentliches übersehen? Welche Chancen und Risiken gibt es? Würden die Anwender als Chef in die Idee investieren?

Die Variation »Vorbilder« hilft den Teilnehmern, in die unterschiedlichen Rollen zu schlüpfen. Sie statten drei Bereiche oder Räume entsprechend der Variation Drei Räume aus. Jedoch setzen Sie zusätzlich Fotos von Vorbildern ein: zum Beispiel für den Denker Stephen Hawking, Albert Einstein oder Hanna Arendt, für den Träumer Martin Luther King, Joanne Rowling oder Steve Jobs, und für den Pragmatiker Jean-Claude Junker, Angela Merkel oder Helmut Schmidt. Die Vorbilder müssen sorgfältig ausgesucht werden, da sie die Anwender in ihrem Denken inspirieren sollen.

Sinnbasteln

Auf einen Blick: Beim »Sinnbasteln« wird ein Modell gebaut, das auf den gewonnenen Erkenntnissen einer Idee basiert und mit Usern getestet werden kann. Sinnbasteln orientiert sich an der Kreativitätstechnik »Prototyping«.

Teilnehmer: Allein, zu zweit oder im Team

Dauer: 30 bis 90 Minuten plus Usertest, bei schrittweiser Vorgehensweise mehrere Stunden bis Tage

Material: Vielfalt zum Bauen

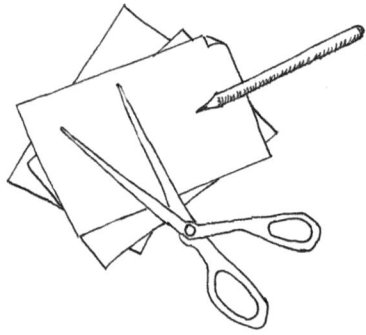

Beschreibung

Das Ziel der Kreativitätsübung »Sinnbasteln« liegt in der Entwicklung eines Modells, das einen überzeugenden Eindruck von der Idee vermittelt. Das Modell lässt sich als ein konkretes Abbild von der Idee begreifen und kann in unterschiedlichen Qualitätsstufen von schnell und einfach bis zu detailliert und funktionsfähig entwickelt werden. Das Sinnbasteln eignet sich besonders für eine Vorgehensweise, bei der im Wechsel Bauen und Testen mehrmals wiederholt wird, bis ein überzeugendes Modell entsteht. Sinnbasteln zeichnet sich durch drei Phasen aus: Ideenmodelle bauen, Ideenmodelle testen, Ideenmodelle verbessern.

Schritt für Schritt

- Besorgen Sie sich unterschiedlichstes Material. Im Grunde eignet sich alles, was Sie drinnen und draußen finden.
- Aus dem gesammelten Material bauen Sie ein Modell, das Ihre Idee visualisiert. Falls Sie Sinnbasteln sofort für das Ausarbeiten von ersten Ideen einsetzen möchten,

beschreiben Sie zuerst die Idee in ein paar Sätzen oder fertigen Sie eine Zeichnung an.
- Das Modell sollte so konkret ausgearbeitet werden, dass Sie einen Usertest durchführen können.
- Denken Sie an Kinder, die häufig ganz einfache Modelle basteln, die sie mit fantasievollen Inhalten ausschmücken. Seien Sie inspiriert und frei im Basteln.
- Bedenken Sie, welche Details des Ideenmodells genauer ausgearbeitet werden müssen, damit ein User es versteht.
- Finden Sie einen oder mehrere geeignete Gesprächspartner für den Usertest. Stellen Sie das Ideenmodell überzeugend vor. Vergessen Sie nicht, das Problem und die Aufgabe zu erwähnen.
- Verwickeln Sie Ihre Gesprächspartner in einen Dialog: Was gefällt ihnen am Ideenmodell? Wo sehen sie Schwierigkeiten? Was würden sie verbessern?
- Nach dem Usertest sollten Sie das Modell detaillierter ausarbeiten. Bei Bedarf führen Sie weitere Gespräche. Verbessern Sie das Modell, bis Sie zufrieden sind.

> Verschwenden Sie keine Zeit. Das Modell muss nicht perfekt sein, da es nur eine Basis für weitere Erkenntnisse auf dem Weg zur Lösung sein soll.

Bewertung

- Da man beim Sinnbasteln etwas Greifbares entwickelt, können Anwender schnell begeistert werden, aus unterschiedlichem Material ein Ideenmodell zu bauen.
- Sinnbasteln führt zu einer besseren Vorstellung von der Idee und beschleunigt den Erkenntnisgewinn.

- Die Kreativitätsübung sorgt für ein direktes Feedback gerade in Bezug auf Schwachpunkte der Idee.
- Versuchen Sie den Usertest zu filmen, so dass kein Gedanke verloren geht. Dabei sollten Sie auch Mimik und Gestik auswerten, die durchaus im Gegensatz zum Gesagten stehen können.
- Für den Teameinsatz ist es wichtig, möglichst viel Material zur Verfügung zu stellen, denn jeder bastelt anders.
- Überlegen Sie, ob Sie während oder nach dem Usertest Ihre Gesprächspartner in den weiteren Bastelprozess involvieren.

Variationen

Für das Sinnbasteln eignet sich besonders gut die Variation »Lego«. Besitzen Sie keine Steine, sollten Sie sich eine bunte Mischung von circa 200 Legosteinen pro Teilnehmer besorgen. Lego hat den großen Vorteil, dass man beim Bauen nicht lange nachdenken muss. Mehr als drei Teilnehmer sollten nicht gemeinsam an einem Legomodell arbeiten.

Bei der Variation »Rough & Ready« arbeiten Sie bewusst mit leicht verfügbarem und kostengünstigem Material wie Papier, Hafties, Schere und Kleber. In wenigen Minuten soll ein Modell gebastelt werden, das schnell mit Usern getestet werden kann. Das einfache Ideenmodell regt Anwender und User zum gemeinsamen Bauen an. Für Rough & Ready können Sie auch ausschließlich mit Büroklammern basteln. Sie lassen sich leicht verformen und zusammenfügen.

Die Variation »Ausstellung« eignet sich vor allem für die Teamarbeit. Jeder Teilnehmer kreiert ein eigenes Modell. Somit können mehrere Modelle gleichzeitig getestet werden. Wie in einer Ausstellung können die Modelle nacheinander betrachtet, begutachtet und verglichen werden. Vielleicht bietet es sich sogar an, aus den Stärken der einzelnen Modelle ein übergeordnetes Ideenmodell zu entwickeln.

8

Ankommen daheim für die Ideenplanung

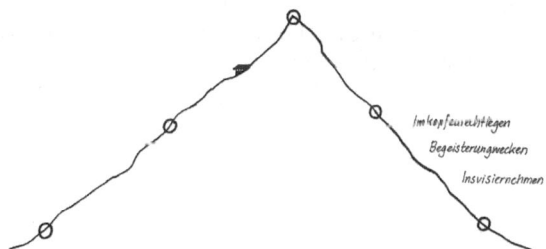

Wie wird aus dem Ideenmodell eine umsetzbare Lösung? Dieses Kapitel unterstützt Sie bei der Umsetzung mit den Kreativitätsübungen Imkopfzurechtlegen, Begeisterungwecken, Insvisiernehmen und ihren jeweiligen Variationen. Dabei ist besonders wichtig, wie Sie andere Personen von Ihrer richtig guten Idee überzeugen und was für die Lösungsumsetzung die ersten Schritte sind. Nicht nur während der kreativen Bergtour, sondern auch daheim lauern Gefahren. Die größte Herausforderung liegt darin, dass die richtig gute Idee nicht von den Routinen des Alltags oder Jobs erstickt wird. Behalten Sie Ihren Enthusiasmus und schreiten Sie mit viel Motivation weiter voran.

> Werden Sie bei allen Kreativitätsübungen konkret. Sie müssen selbst komplizierte Modelle in wenigen inspirierenden Sätzen erklären können.

Imkopfzurechtlegen

> Auf einen Blick: Beim »Imkopfzurechtlegen« werden Ideen bzw. Ideenmodelle mit skizzenhaften Bildern für die Umsetzung hinterfragt. Imkopfzurechtlegen basiert auf der Kreativitätstechnik »Storyboarding«.
>
> Teilnehmer: Allein, zu zweit oder im Team
>
> Dauer: 60 bis 90 Minuten
>
> Material: Papier und Buntstifte

Beschreibung
Imkopfzurechtlegen ist eine spielerische Kreativitätsübung, um Ideen auf den Punkt zu bringen. Die einzelnen Aspekte werden in sinnvolle Einzelbilder unterteilt und in einen logischen Zusammenhang gebracht. Anwender werden motiviert, sich gedanklich auf die Ideenumsetzung vorzubereiten. Imkopfzurechtlegen zeichnet sich durch drei Phasen aus: Aspekte in Bildern reflektieren, Aspekte in Aussagen verdichten, Ideenlösungen erstellen.

8 Ankommen daheim für die Ideenplanung

Schritt für Schritt

- Haben Sie Reflexionssterne ausgearbeitet, betrachten Sie alle in einer Gesamtschau. Nutzen Sie die Reflexionssterne für einfache Bilder.
- Skizzieren Sie zuerst auf einem Papier ein Bild für das Problem.
- Danach sollten Sie ein Bild für die Personen zeichnen, die das Problem haben.
- Jetzt folgt ein Bild für die Idee mit ihrem entscheidenden Vorteil.
- Falls Sie eine Ideenalternative entwickelt haben, sollten Sie hierfür ein Bild skizzieren. Sie können auch ein Bild für ein bereits existierendes Konkurrenzprodukt kreieren.
- Bringen Sie die einzelnen Bilder in einen logischen Zusammenhang und finden Sie Kernaussagen.
- Formulieren Sie zwei prägnante Sätze zu den Bildern und Kernaussagen. Die Abbildung weist Ihnen den Weg.

Für _____ (Person oder Personen),

die _____ (Aussage zum Problem),

ist _____ (Beschreibung der Idee)

die Lösung.

Anders als _____

(Beschreibung der Ideenalternative)

bietet diese Lösung _____

(Aussage zum entscheidenden Vorteil).

> Da die Bilder lediglich kreatives Mittel zum Zweck sind, sollten Sie beim Zeichnen nicht in Schönheit sterben. Investieren Sie mehr Zeit in das Ausformulieren der beiden Sätze.

Bewertung

- Imkopfzurechtlegen bietet einen spielerischen und gezielten Überblick über Ideen und Modelle.
- Durch das Erarbeiten eines logischen Zusammenhanges können sich die Anwender den Kontext, in dem die Idee steht, besser vorstellen.
- Die Kreativitätsübung hilft, sich allmählich von der Ideenentwicklung zu lösen und den Blick nach vorne auf die Ideenumsetzung zu richten.
- Ein unreflektiertes weiteres Vorgehen wird vermieden.
- Im Team fühlen sich die Teilnehmer beim Zeichnen oft überfordert. Weisen Sie darauf hin, dass der Inhalt und nicht das Bild selbst im Vordergrund steht.
- Um den Einstieg in die Kreativitätsübung zu erleichtern, können Sie einen Kreativitätsenergyzer wie Kristallkugel (siehe Kap. 3) oder World Without (siehe Kap. 4) einsetzen.

Variationen

Haben Sie das Gefühl, dass Zeichnen eine zu große Herausforderung darstellt, empfehle ich Ihnen die Variation »Collage«. Die Anwender kreieren die vier Bilder (Problem, Personen, Idee sowie Ideenalternative), indem sie vorgefertigte Elemente aus Zeitungen und Zeitschriften zusammenkleben. Dies können sowohl Bildausschnitte als auch Textfragmente sein. Während des Arbeitens sind Anwender leicht zu motivieren, eigene zeichnerische Elemente in die Collage einzufügen. Neben Zeitungen und Zeitschriften können Sie farbiges Papier und Fotografien verwenden. Es ist wichtig, dass genügend Material sowie großformatiges Papier, Buntstifte, Scheren und Kleber vorhanden sind.

Die Variation »Dicke Stifte« ist eine weitere Möglichkeit, die das Zeichnen erleichtert. Textmarker oder Wachsmalblöcke eignen sich besonders gut, Blockaden zu lösen. Dicke Stifte erschweren ein kleinteiliges Zeichnen. Die Anwender malen automatisch Bilder in groben Zügen und fokussieren sich somit viel mehr auf die Kernaussagen und die beiden prägnanten Sätze.

Für die Teamarbeit eignet sich die Variation »Staffellauf«. Jeder Teilnehmer startet für sich mit einem der vier Bildthemen zu Problem, Person, Idee sowie Ideenalternative. Nach fünf Minuten übergibt er das Bild an einen anderen Teilnehmer, der die Zeichnung ergänzt. Die Staffelübergabe kann mehrmals wiederholt werden. Je nach Teamgröße sind mehrere Bilder zu einem Thema im Umlauf. Während der Übung sollten sich die Teilnehmer nicht austauschen und sich nur auf das Zeichnen konzentrieren. Nach dem Staffellauf werden die Bilder gemeinsam interpretiert, bevor die Kernaussagen und die beiden prägnanten Sätze entwickelt werden.

Begeisterungwecken

Auf einen Blick: Mit »Begeisterungwecken« entstehen Geschichten, die Ideenlösungen überzeugend präsentieren sollen. Begeisterungwecken basiert auf der Kreativitätstechnik »Storytelling«.

Teilnehmer: Allein, zu zweit oder im Team

Dauer: 45 bis 90 Minuten plus Durchführung

Material: Papier, Buntstifte und eventuell Kamera

Beschreibung

Für die Umsetzung benötigen die meisten Ideenlösungen die Hilfe von anderen Personen. Es kann sein, dass der Chef von der Lösung überzeugt werden muss oder Geldgeber für die Umsetzung gewonnen werden müssen. Begeisterungwecken möchte Sie bestmöglich auf solche Situationen vorbereiten. Dabei wird eine maßgeschneiderte Geschichte entwickelt, welche die jeweilige Bezugsperson in Ihren Bann ziehen soll. Eine gelungene Geschichte ist ein wirkungsvolles Instrument, um die Lösung für ein Problem zu beschreiben. Sie verbindet bewusst Realität und Fiktion, ist kurz und anschaulich, bindet den Zuhörer ein, baut Spannung auf und beinhaltet eine Botschaft zur Veränderung. Eine gelungene Geschichte erzählt von einem Protagonisten, der Hindernisse überwinden muss, um ein wichtiges Ziel zu erreichen. Die Kreativitätsübung Begeisterungwecken besteht aus drei Phasen: Ideenlösungen in eine Geschichte verpacken, Ideenlösungen präsentieren, Ideenlösungen reflektieren.

Schritt für Schritt

- Schauen Sie sich noch einmal das gesamte Material an, das Sie auf Ihrer kreativen Reise gesammelt haben.
- Für die Ideenlösung kreieren Sie eine Geschichte, die aus wenigen Sätzen besteht. Versuchen Sie die Grundlagen einer gelungenen Geschichte zu berücksichtigen. Dabei hilft Ihnen die folgende Abbildung.
- Kreieren Sie eine möglichst spannende und dynamische Geschichte.
- Eigene Erfahrungen und Empfindungen können die Geschichte bereichern und machen sie persönlicher.
- Üben Sie so lange, bis Ihre Präsentation leicht und locker wirkt und Sie nicht mehr über jedes Detail lange nachdenken müssen.

8 Ankommen daheim für die Ideenplanung

- Jetzt ist der Moment gekommen, wo Sie für Ihre Ideenlösung Begeisterung wecken sollen. Versuchen Sie mit Personen zu sprechen, die für die Umsetzung der Lösung wichtig sind. Im Idealfall können Sie die Präsentationssituation filmen.
- Vermitteln Sie am Ende der Ideenpräsentation ein »Losgeht's-Gefühl«.
- Wie kommt die Rede an? Was können Sie verbessern? Machen Sie sich Notizen bzw. werten Sie die Filmdokumentation aus.

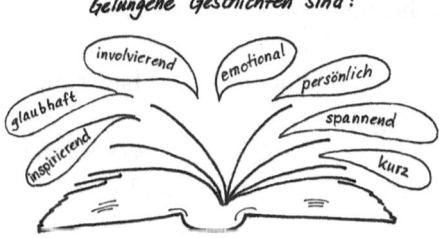

> Lassen Sie ein paar Sätze in die Geschichte einfließen, die Ihre unermüdliche Suche nach einer Lösung für das Problem verdeutlichen. Somit wird dem Zuhörer klar, dass Sie für das Projekt brennen.

Bewertung

- Begeisterungwecken veranschaulicht die Ideenlösung aus persönlicher Perspektive, so dass die Zuhörer auch emotional angesprochen werden.
- Spannende Geschichten basieren auf Konflikten, die im Verlauf der Erzählung gelöst werden. Nutzen Sie dies für den Spannungsbogen vom Problem bis zur Lösung.
- Die Kreativitätsübung hilft Ihnen, mögliche Interessenskonflikte zwischen unterschiedlichen Bezugspersonen frühzeitig zu erkennen.

- Beim Begeisterungwecken besteht die Gefahr, dass Sie während des Geschichtenerzählens übertreiben. Achten Sie deshalb darauf, dass die Geschichte und die Lösungspräsentation zu Ihrer Persönlichkeit passen.

Variationen

Stellen Sie sich vor, Sie treffen einen möglichen Entscheider im Fahrstuhl. Sie haben jetzt die einmalige Chance, ihn während der Fahrt von Ihrer Lösung zu überzeugen. Mehr als eine Minute steht Ihnen allerdings nicht zur Verfügung. Arbeiten Sie das Alleinstellungsmerkmal der Lösung kurz und präzise heraus und begeistern Sie mit einer einminütigen Präsentation. Nutzen Sie die Variation »Im Fahrstuhl« als eine Generalprobe oder Pretest, bevor Sie auf wichtige Entscheider zugehen.

Bei der Variation »TED-Talk« lassen Sie sich von gelungenen Präsentationen inspirieren. TED steht für Technology, Entertainment, Design und ist ein Konferenzformat. Jeder Vortragende hat maximal 18 Minuten für seine Ideenpräsentation zur Verfügung. Die besten Vorträge finden sie auf www.ted.com. Bedenken Sie, ob für Ihren TED-Talk wirklich 18 Minuten nötig sind oder ob das Wesentliche der Lösung nicht in maximal zehn Minuten präsentiert werden kann.

Ein Bild sagt mehr als 1000 Worte. Mit der Variation »Moodboard« versuchen Sie, Ihre Lösung in einem einzigen zusammengesetzten Bild bzw. einer Collage atmosphärisch einzufangen. In Ihrer Präsentation ist das Moodboard hilfreich, da die Lösung überschaubar vermittelt werden kann. Es überzeugt durch seinen intuitiv erfassbaren Gesamteindruck. Verwenden Sie einen Kartonbogen in A1 oder größer. Für das Erstellen des Moodboards eignen sich besonders Fotos aus Design- und Wohnmagazinen. Bevor Sie mit dem Präsentieren beginnen, überlegen Sie, welche Geschichte Sie zum Moodboard erzählen möchten.

8 Ankommen daheim für die Ideenplanung

Insvisiernehmen

> Auf einen Blick: Mit »Insvisiernehmen« wird der erste Schritt in die Umsetzung der Lösung gemacht. Insvisiernehmen ist vom Priorisieren beim Projektmanagement inspiriert.
>
> Teilnehmer: Allein, zu zweit oder im Team
>
> Dauer: 45 bis 90 Minuten
>
> Material: Großes Papier, Buntstifte und Hafties

Beschreibung

Der Übergang von der Entwicklung einer Lösung bis zu ihrer Umsetzung im Alltag oder Job ist eine kritische Phase. Hier sterben viele Ideen ab. Insvisiernehmen hilft Ihnen am Ende der Ideenreise, sich erste Gedanken über die Umsetzung der Lösung zu machen und eine Priorisierung vorzunehmen. Somit können Fallstricke vermieden werden. Die Kreativitätsübung Insvisiernehmen besteht aus zwei Phasen: Aktivitäten zur Lösungsumsetzung skizzieren, Aktivitäten priorisieren.

> Planen Sie am Ende der kreativen Bergtour nur so viel wie nötig. Verlieren Sie sich nicht im Klein-Klein.

Schritt für Schritt

- Überlegen Sie, was für die Umsetzung der Lösung wirklich wichtig und entscheidend ist: Welche Aktivitäten tragen zum Erfolg der Lösung bei? Was ist zu beachten? Was ist zu tun?
- Schreiben Sie auf Hafties, was Ihnen zur Umsetzung einfällt.

- Benutzen Sie das abgebildete Prioritätenkreuz und kleben Sie die Hafties in die zutreffenden Felder nach den Leitfragen: Was ist sofort zu erledigen? Was ist wichtig für die Umsetzung?
- Achten Sie darauf, dass Sie eine Priorisierung vornehmen.
- Betrachten Sie abschließend die Hafties im »wichtig-sofort Feld«. Bedenken Sie, was zu tun ist, um die Aktivitäten abarbeiten zu können.

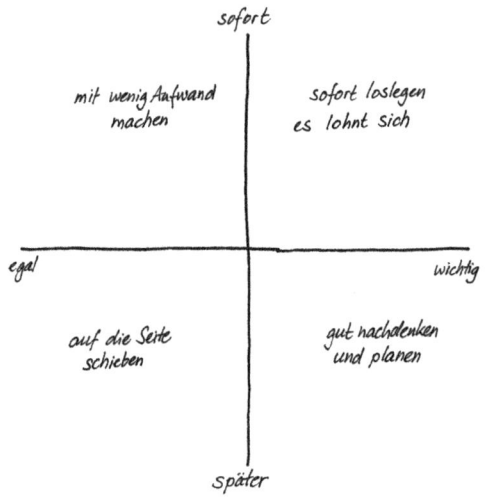

Bewertung

- Insvisiernehmen sensibilisiert jeden Kreativreisenden, nicht bei der entwickelten Lösung stehen zu bleiben, sondern den Fokus auf die Umsetzung zu richten.
- Die Kreativitätsübung verhindert blinden Aktionismus und unreflektiertes Agieren.
- Alle Teilnehmer im Team können durch Insvisiernehmen für die Umsetzung motiviert werden.

- Insvisiernehmen ist eine Voraussetzung, Ressourcen besser zu planen und einen übersichtlichen Projektplan zu erstellen.
- Achten Sie darauf, dass trotz des notwendigen Realitätsbezuges Ihr kreativer Schwung nicht verloren geht. Auch in der Ideenumsetzung ist Kreativität sehr wichtig.

Variationen
Vermeiden Sie die Kompetenzfalle. In einer Phase der Euphorie besteht die Gefahr, dass Sie sich nicht ausreichend Gedanken zu den nötigen Kompetenzen machen. Viele Ideen werden deshalb nicht verwirklicht. Mit der Variation »Aktivitäten + Kompetenzen« erweitern Sie die Grundübung. Dabei sollten Sie sich nach der Phase der Priorisierung überlegen, welche Kompetenzen bereits vorhanden sind, um sofort die wichtigen Aktivitäten erfolgversprechend umzusetzen. Zeichnen Sie ein Gitter wie in der Kreativitätsübung Rahmensprengen (siehe Kap. 7) und nutzen Sie die linke Spalte für die Aktivitäten. Schreiben Sie zu jeder Aktivität in der jeweiligen Zeile alle vorhandenen Kompetenzen auf. Fügen Sie die fehlenden, aber dringend benötigten Kompetenzen in einer anderen Farbe hinzu.

Normalerweise wird erst am Ende eines Projektes reflektiert, was gut oder schlecht gelaufen ist. Mit der Variation »Desaster« versuchen Sie noch vor der Umsetzung herauszufinden, was während der Umsetzung schieflaufen könnte. Werfen Sie einen Blick in die Zukunft und fragen Sie sich, warum das Projekt in einem Desaster endete. Benennen Sie die Gefahren so konkret wie möglich und nehmen Sie eine Priorisierung vor. Bedenken Sie abschließend, wie man die Gefahren minimieren oder vermeiden könnte, um die Lösung erfolgreich umzusetzen.

9

Weitere Bergtipps

Beschäftigen Sie sich zum ersten Mal gezielt mit der Ideenentwicklung, überfordern Sie sich nicht und verlieren Sie nicht die Freude auf der kreativen Bergtour. Lassen Sie auch Fehler zu und streben Sie beim Bergaufstieg nicht nach Perfektion. Lassen Sie sich von Ihrer Umwelt anregen, um besser zu werden und Ideen weiterzuentwickeln. Legen Sie über Ihre Erfahrungen ein Reisetagebuch an, das Sie bei der Planung und Durchführung der nächsten kreativen Bergtour unterstützt.

Raum und Atmosphäre sind für die Entfaltung von Kreativität sehr förderlich. Sie sollten sich überlegen, wo Sie Ideen entwickeln möchten. Orte des Alltags und Jobs sind für eine kreative Bergtour nicht geeignet. Begeben Sie sich bewusst in ein anderes Umfeld, oder setzen Sie die Bergmetapher in die Tat um, indem Sie Wandern oder Bergsteigen gehen. Sorgen Sie immer wieder für Abwechslung und Spannung. Andere Orte zeigen Ihnen neue Perspektiven auf.

Jeder Mensch hat einen ganz eigenen kreativen Biorhythmus. Wie der Körper sind Gehirn und Bewusstsein nicht immer gleichmäßig aktiv und Schwankungen ausgesetzt. Hören Sie auf Ihre innere Stimme und Ihren Körper. Überlegen Sie genau, ob sich für das kreative Reisen eher der Morgen oder eine andere Tageszeit anbietet.

Nützliche Infos für kreative Bergtouren im Team

Damit ein Team sein volles kreatives Potenzial ausschöpfen kann, sollten wiederkehrende Denkblockaden aufgebrochen werden wie »es ist schwer, Ideen zu entwickeln«, »ich bin heute nicht kreativ« oder »in Gegenwart der Kollegen kann ich keine Ideen entwickeln«. Ermutigung und Unterstützung sind hier entscheidend. Darüber hinaus sollte im Team eine Ideen- und Kreativkultur aufgebaut werden, die das kreative Bewusstsein von jedem Teammitglied schärft. Drei Aspekte möchte ich hervorheben:

- weitreichende Autonomie für jedes Teammitglied,
- tiefes Vertrauen in die Fähigkeiten jedes Einzelnen,
- wertschätzende Zusammenarbeit.

An der Ideen- und Kreativkultur muss kontinuierlich und ernsthaft gearbeitet werden, so dass sie mehr als nur ein Lippenbekenntnis ist. Jeder im Team sollte sich für Toleranz gegenüber Misserfolgen einsetzen. Somit kann das Team gemeinsam Ideenwagnisse eingehen, die möglicherweise nicht gleich zum Erfolg führen. Gerade das frühe Scheitern ist wie ein Weckruf und fördert nachhaltig die Ideenqualität und Ideenvielfalt.

Die Checkliste zur Kreativität im Team hilft Ihnen, das kreative Potenzial einzuschätzen. Sie können die Checkliste vor Beginn der kreativen Bergtour oder auch zur Reflexion während der Tour einsetzen. Gehen Sie allein oder im Team die nachfolgenden Aussagen gründlich durch und kreuzen

Sie an, inwieweit sie zutreffen. Die Aussagen tragen dazu bei, Vertrauen in die Teamkreativität zu entwickeln. Schauen Sie sich das Gesamtbild an. Wo steht das Team bezüglich seiner Kreativität? Sollten Sie im Team die Checkliste durchgehen, vergleichen Sie zu jeder Aussage die Bewertung der einzelnen Mitglieder. Wo gibt es insgesamt Verbesserungspotenzial? Unter Punkt 13 können Sie tiefer einsteigen und Ihre Eindrücke, Gedanken und Wünsche festhalten.

	Aussagen	☹☹☹	☹☹	☹	☺	☺☺	☺☺☺
1.	Wir lassen berufliche Positionen außer Acht.						
2.	Wir schätzen individuelle Unterschiede.						
3.	Wir begrüßen Gedanken als Bereicherung.						
4.	Wir hören aktiv zu.						
5.	Wir motivieren uns wechselseitig.						
6.	Wir halten uns mit Kritik erst einmal zurück.						
7.	Wir zeigen Interesse an allen Ideen.						
8.	Wir entwickeln Ideen gemeinsam weiter.						
9.	Wir unterstützen uns im Team.						
10.	Wir verlassen gemeinsam die Komfortzone.						
11.	Wir wenden neue Verfahren und Methoden an.						
12.	Neue Teammitglieder sind eine Bereicherung.						
13.	Ich wünsche mir, dass wir …						

Noch mehr Kreativitätsenergyzer

Kreativitätsenergyzer sind wie Energieriegel im Sport, um bei Bedarf das kreative Potenzial zu steigern. Sie helfen Ihnen, Denkblockaden zu lösen und neue Perspektiven einzunehmen. In den nachfolgenden Ausführungen erweitere ich die Anzahl der Kreativitätsenergyzer, die ich in den Kap. 3 und 4 eingestreut habe.

> Nehmen Sie sich für jeden Kreativitätsenergyzer genügend Zeit, damit sich seine Wirkung entfalten kann.

Der Kreativitätsenergyzer »Absurde Fragen« geht in eine ähnliche Richtung wie Murmeltiere mit Murmeln. Absurde Fragen lockern den Ideenmuskel und bieten sich gerade vor einer Kreativitätsübung an. Beispiele für absurde Fragen: Warum sollten Hühner Krawatten tragen? Warum ist ein viereckiger Mond besser als ein runder? Warum bieten pinke Bäume mehr Schatten? Jeder Teilnehmer beantwortet diese Nonsensfragen so verrückt wie möglich. Ohne Pause beginnen Sie mit der Kreativitätsübung.

Eine Idee kann sich völlig verändern, wenn nur ein Detail ausgetauscht wird. Beim Kreativitätsenergyzer »Details« ersetzen Sie einen Aspekt, einen Teil oder einen Abschnitt durch einen anderen. Bedenken Sie, ob sich dadurch die Idee sinnhaft weiterentwickelt. Wenden Sie den Kreativitätsenergyzer Details mehrmals nacheinander an, können Sie einer Idee immer wieder neue Facetten hinzufügen.

Analogien helfen, Ideen aus einer anderen Perspektive zu betrachten. Dafür eignen sich unterschiedliche Kategorien wie Tiere, Pflanzen, Filmstars, Buchtitel oder Autos. Vor allem beim Ausarbeiten einer Idee ist der Kreativitätsenergyzer »Analogie« hilfreich. Versuchen Sie, in wenigen Minuten die folgende Frage mit jeweils einer Kategorie oder einem Beispiel zu beantworten: Was würde sich verändern, falls die Idee ein Vogel, eine Blume, Scarlett Johansson, Herr der Ringe oder ein Sportwagen wäre? Schreiben Sie alles auf, was Ihnen einfällt. Versuchen Sie danach, die Idee mit den neuen Gedanken weiterzuentwickeln.

Im Job arbeiten häufig mehrere Teams gleichzeitig an einer Ideenentwicklung, oder es wird ein Team für einen bestimmten Zeitraum in kleinere Gruppen aufgeteilt. Damit sich die einzelnen Teams nicht zu sehr auf sich selbst konzentrieren und sie Impulse von außen bekommen, empfehle ich den Kreativitätsenergyzer »Hummeln«. Zwei Teilnehmer aus jedem Team verhalten sich wie Hummeln und »fliegen« zu einem anderen Team. Mit kritischen Fragen und frischen Gedanken sollen sie die Ideenentwicklung bereichern. Um die Hummeln sinnvoll einzusetzen, wird die bisherige Reiseroute kurz vorgestellt. Nach circa 15 Minuten fliegen die Hummeln wieder in ihr Team zurück und können mit den gewonnenen Erkenntnissen auch ihr Team bereichern.

Der Kreativitätsenergyzer »Partytime« hilft Ihnen auf spielerische und assoziative Weise, zwischen zwei gleich guten Ideen eine Entscheidung zu treffen. »It's partytime.« Beschreiben Sie die beiden Ideen aus der Perspektive des Gastgebers. Wie sieht die jeweilige Ideenparty aus? Wie ist die Atmosphäre? Welche Gäste kommen? Was haben die Gäste an? Wie benehmen sie sich? Welche Musik wird gespielt? Was gibt es zu essen und trinken? Über was unterhalten sich die Gäste? Wie ist der Verlauf der Party? Was passiert auf ihrem Höhepunkt? Schreiben Sie Ihre Gedanken zu den beiden Partys auf. Auf welcher Ideenparty möchten Sie lieber ein Gast sein? Können Sie sich jetzt besser für eine der beiden Ideen entscheiden?

Routenpläne für kreative Bergtouren

In diesem Abschnitt möchte ich Ihnen drei weitere Routenpläne vorstellen, die sich für bestimmte Problemsituationen besonders gut eignen. Die Routenpläne sollen Sie ermuntern, Ihre eigenen kreativen Bergtouren zu planen. Lassen Sie sich von den 12 grundlegenden Kreativitätsübungen und ihren Variationen anregen. Setzen Sie häufig Kreativitätsenergyzer ein. Legen Sie Pausen ein. Achten Sie besonders auf Folgendes: Jede kreative Bergtour besteht aus den Fixpunkten Problem, Aufgabe, Idee, Modell und Lösung.

> Je sicherer Sie bei der Anwendung der verschiedenen Kreativitätsübungen werden, desto leichter wird es Ihnen fallen, sie neu miteinander zu kombinieren.

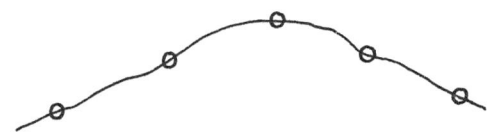

Im Team ist es schwierig, dass allen Teilnehmern für eine kreative Bergtour genügend Zeit zur Verfügung steht. Der »Feldberg« symbolisiert die schnelle Bergtour, die Sie in ein paar Stunden durchführen können. Ausgereifte Modelle werden kaum entstehen, aber für eine erste Einschätzung reicht häufig eine einfache Visualisierung der Idee. Der Routenplan zur schnell-kreativen Bergtour Feldberg umfasst folgende Übungen:

- Reflexionsstern Problem
- Drehen
- Reflexionsstern Aufgabe
- Ingrenzenweiterdenken
- Reflexionsstern Idee
- Rough & Ready
- Reflexionsstern Modell
- Imkopfzurechtlegen
- Reflexionsstern Lösung

9 Weitere Bergtipps

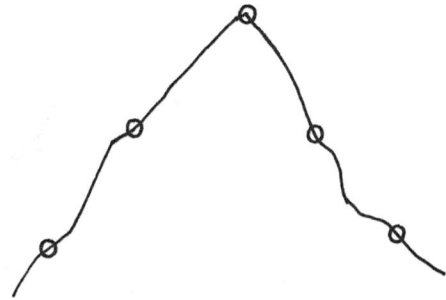

»Zugspitze« ähnelt im Ablauf der kreativen Bergtour mit Bergführer in Kap. 3. Der wesentliche Unterschied liegt darin, dass diese Route aus Variationen der grundlegenden Kreativitätsübungen aufgebaut ist. Sie eignet sich für Teams, die schon erste Erfahrungen mit Kreativitätsübungen gemacht haben. Der Routenplan zur lang-kreativen Bergtour Zugspitze umfasst folgende Übungen:

- Reflexionsstern Problem
- Im Raum
- Bonsai
- Diskussionsrunde
- Reflexionsstern Aufgabe
- Sandwich
- Dalli Klick
- Wirrwarr
- Reflexionsstern Idee
- 13 mal 13
- Drei Räume
- Lego
- Reflexionsstern Modell
- Staffellauf
- Moodboard
- Aktivitäten + Kompetenzen
- Reflexionsstern Lösung

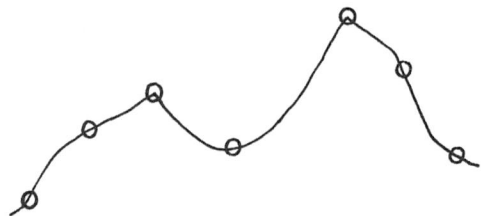

Die Bergtour »Großglockner« eignet sich für sehr erfahrene Kreativreisende. Auf der Route zum Großglockner müssen Bergsteiger zuerst einen niedrigeren Gipfel überqueren, bevor der Aufstieg zum richtigen Gipfel beginnt. Diese besondere Herausforderung nutzen wir für die kreative Bergtour. Nach dem ersten Ideengipfel steigen Sie bewusst zur Aufgabe ab, reflektieren und überarbeiten die Aufgabe und erklimmen erst dann den wirklichen Ideengipfel. Der Routenplan zur extrem-kreativen Bergtour Großglockner umfasst folgende Übungen:

- Reflexionsstern Problem
- Wissenausbreiten
- Gedankenverdichten
- Impulseaufnehmen
- Reflexionsstern Aufgabe
- Geistesblitzesammeln
- Ingrenzenweiterdenken
- Reflexionsstern Idee
- Reflexionsstern Aufgabe
- Think Big
- Bild + Wort
- Reflexionsstern Idee
- Shared Concept
- Abstechermachen
- Sinnbasteln
- Reflexionsstern Modell

- Dicke Stifte
- Im Fahrstuhl
- Aktivitäten + Kompetenzen
- Reflexionsstern Lösung

> Seien Sie auf Ihrer kreativen Bergtour flexibel, wobei es hilfreich ist einem Routenplan zu folgen. Passen Sie die Bergtour aber der aktuellen Situation an. Es kann sinnvoll sein, eine Abkürzung zu nehmen. Es kann auch sinnvoll sein, noch einmal umzukehren und die Etappe mit anderen Kreativitätsübungen erneut zu wandern.

Sie sind am Ende des Buches angekommen. Ich bin mir sicher, dass Sie neue Erkenntnisse über Kreativität gewonnen haben und inspiriert sind, kreative Bergtouren zu unternehmen. Greifen Sie immer wieder auf den Routenplaner Kreativität zurück, um Ihre kreativen Bergtouren zu planen und richtig gute Ideen zu entwickeln. Los geht's.

10

Eigene Bergerfahrungen

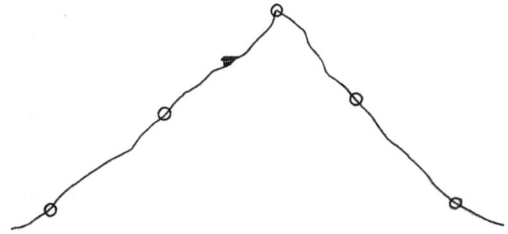

Verzeichnis zu Reflexionssternen, Kreativitätsübungen und Kreativitätsenergyzern

Was suchen Sie?	In welchem Kapitel finden Sie es?
Reflexionssterne	
Reflexionsstern Problem	4
Reflexionsstern Aufgabe	4
Reflexionsstern Idee	4
Reflexionsstern Modell	4
Reflexionsstern Lösung	4
Kreativitätsübungen mit Variationen	
Wissenausbreiten	5
Drehen	5
Ein Strich, Ein Haftie	5
Mit allen Sinnen	5
Im Raum	5
Gedankenverdichten	5
Kartenspielen	5
Bonsai	5
Mammut	5
Impulseaufnehmen	5
Diskussionsrunde	5
Speeddating	5
Advocatus Diaboli	5
Geistesblitzesammeln	6
Sandwich	6

Verzeichnis zu Reflexionssternen ...

Was suchen Sie?	In welchem Kapitel finden Sie es?
Stop & Go	6
Blitzlicht	6
Kopf + Körper	6
Ingrenzenweiterdenken	6
Think Big	6
Dalli Klick	6
Bilderträumen	6
Pecha Kucha	6
Bild + Wort	6
Wirrwarr	6
Rahmensprengen	7
13 mal 13	7
Shared Concept	7
Abstechermachen	7
Drei Räume	7
Chef	7
Vorbilder	7
Sinnbasteln	7
Lego	7
Rough & Ready	7
Ausstellung	7
Imkopfzurechtlegen	8
Collage	8
Dicke Stifte	8
Staffellauf	8
Begeisterungwecken	8
Im Fahrstuhl	8
TED-Talk	8
Moodboard	8
Insvisiernehmen	8
Aktivitäten + Kompetenzen	8
Desaster	8
Kreativitätsenergyzer	
3-Mal-Warum-Zoom	3
Rollenwechsel	3
Spontane Gedanken	3
Steinschlag	3
Murmeltiere mit Murmeln	3
Reduce-to-the-Max	3
Aussagenverknüpfen	
Dankesreden	3
Kristallkugel	3
World Without	4

Verzeichnis zu Reflexionssternen ... 153

Was suchen Sie?	In welchem Kapitel finden Sie es?
Absurde Fragen	9
Details	9
Analogie	9
Hummeln	9
Partytime	9

Literaturverzeichnis

Campbell, J. (2011). *Der Heros in tausend Gestalten*. Frankfurt a. M.: Insel. Das Standardwerk zu Mythen und großartigen Geschichten.
Csikszentmihalyi, M. (2018). *Flow: Das Geheimnis des Glücks*. Stuttgart: Klett-Cotta. Ein Klassiker der Kreativitäts- und Flowforschung.
Gray, D., & Brown, S. (2011). *Gamestorming: Ein Praxisbuch für Querdenker, Moderatoren und Innovatoren*. Köln: O'Reilly. Für mehr Kreativitätsübungen, die aus Öffnen und Schließen aufgebaut sind.
Kelley, D., & Kelley, T. (2014). *Kreativität und Selbstvertrauen: Der Schlüssel zu Ihrem Kreativitätsbewusstsein*. Mainz: Hermann Schmidt. Von den Erfindern des Design Thinkings.
Lenk, H. (2000). *Kreative Aufstiege: Zur Philosophie und Psychologie der Kreativität*. Frankfurt a. M.: Suhrkamp. Ein ungewöhnlicher Blick auf Kreativität.
Osterwalder, A., & Pigneur, Y. (2011). *Business Model Generation: Ein Handbuch für Visionäre, Spielveränderer und Herausforderer*. Frankfurt a. M.: Campus. Das Grundlagenwerk zum Business Model Canvas.
Reckwitz, A. (2012). *Die Erfindung der Kreativität: Zum Prozess gesellschaftlicher Ästhetisierung*. Frankfurt a. M.: Suhrkamp. Eine kulturelle und soziologische Perspektive auf Kreativität.

© Springer Fachmedien Wiesbaden GmbH, ein Teil von Springer Nature 2020
S. Sonnenburg, *Routenplaner Kreativität*,
https://doi.org/10.1007/978-3-658-25973-0

Simonton, D. K. (2018). *The genius checklist: Nine paradoxical tips on how you can become a creative genius.* Cambridge: MIT Press. Ein kurzweiliger und amüsanter Einstieg, was besonders kreative Menschen auszeichnet.

Sonnenburg, S. (2007). *Kooperative Kreativität: Theoretische Basisentwürfe und organisationale Erfolgsfaktoren.* Wiesbaden: Deutscher Universitäts-Verlag. Ein Überblick zu Theorien und Konzepten der Kreativität.

 springer.com/de/sachbuecher-ratgeber

Kluges Wissen mit Unterhaltungswert

Jetzt bestellen: springer.com

GPSR Compliance
The European Union's (EU) General Product Safety Regulation (GPSR) is a set of rules that requires consumer products to be safe and our obligations to ensure this.

If you have any concerns about our products, you can contact us on

ProductSafety@springernature.com

In case Publisher is established outside the EU, the EU authorized representative is:

Springer Nature Customer Service Center GmbH
Europaplatz 3
69115 Heidelberg, Germany

www.ingramcontent.com/pod-product-compliance
Lightning Source LLC
LaVergne TN
LVHW020347260326
834688LV00045B/1584